職場の人間関係防災ガイド

藤本梨恵子

sanctuarybooks

いつどこで起こるかわからない
人間関係のトラブルから身を守る
心理テクニックを紹介するよ！

はじめに

あなたが怪我をしたり、危険な目に遭う時はどんなときでしょうか？

ボーッと他のことを考えている。よそ見しているなど、無防備なときではありませんか？

無防備……。油断……。自然界では、それらは命取りになります。

吹雪の山に地図ナシ、サンダルで登ったら、遭難、下手すると死にますよね？

嵐が近づき、雷が鳴っているのに、ゴルフ場で「雷なんて大したことない」と油断し、プレーしたら落雷で死にます。周囲に高い建物がない場所は人に落雷しやすい危険地帯ですから……。

これらは、自然災害というより、知識不足による人災に近いのではないでしょうか？


では、人間関係はどうでしょうか？

いつも退職理由の上位に上がるのは職場の人間関係です。心理学者のアドラーも「すべての悩みは人間関係の悩みである」というほど、人間関係は一番の悩みの種です。

にもかかわらず、クセの強い・めんどくさい人たちをかわし、平和に過ごす術をあなたは持っているでしょうか？

そんなこと、習ったことも、考えたこともない人が多いのではないでしょうか？

もし、あなたが、優しく、思いやりがある、繊細な人であるほど、クセの強い・めんどくさい人たちに狙われ、攻撃されやすいものです。


何かと難クセをつけてチクチク言う人……。

トゲトゲしたキツい言い方をしてくる人……。

メラメラとライバル心を燃やし、マウンティングする人……。

コソコソと陰口を言う人……。


ノーガードで正面から向き合うには、しんどい相手です。

クマが待つ森に手ぶらで入るように、こんなクセの強い・めんどくさい人たちが待ち構える職場に、無防備に足を踏み入れて、果たして、あなたは無傷で生きて帰ってこられるでしょうか？

かなり難しいと言わざるを得ません。

クセの強い・めんどくさい人たちは、極端な考えや行動をするので、トラブルを引き起こします。だから、否が応でもあなたも巻き込まれることになるでしょう。まさに人間関係の災害。

その災害を、うまくかわし、ストレスを溜めず、やり過ごす方法を知っているかどうかで、あなたを取り巻く環境は天国と地獄ほどの差が生まれます。

備えあれば憂いなし。

災害から身を守るためには防災の知識が必要です。人間関係も同じです。

ナポレオンからビル・ゲイツまでが愛読した『孫子の兵法』には、「敵を知り己を知れば百戦危うからず」と書かれています。戦いに勝つなら、敵と自分の実力や情勢を知れという意味です。人間関係も同じです。人間の深層心理を知れば、恐れるに足りません。よく、「ギャフンと言わせる」「一発お見舞いする」など相手に仕返しする方法が紹介されることがあります。しかし一度しか会わない相手ならともかく、職場で毎日のように顔を会わせる相手には通用しません。必ずしっぺ返しを食らいます。キャリアカウンセラーとして1万人以上の相談者の体験談を聞いてきた経験からも、それは明白です。

そして、この本はクセの強い・めんどくさい相手と戦うための本ではありません。戦えば双方無傷ではいられません。兵法でも「戦わずして勝つ」が最善とされています。

だから、この本では、心理学をベースに、人間関係のトラブルを未然に防ぐ方法をお伝えしています。また万一、トラブルに巻き込まれても、適切な初期対応を知っていれば最小限の被害で済みます。その方法も説明していきます。

まさに、人間関係の防災ガイドなのです。

人間関係の防災の知識があれば、あなたは、ストレスを抱えることなく、良い関係を築くことができ、本来の仕事に力を注ぐことができます。

この本があなたの心のお守りや救急箱になれば、幸いです。

contents

contents

3章 イライラ災害　ちょっとめんどくさいあるある災害

人間関係
防災マトリックス

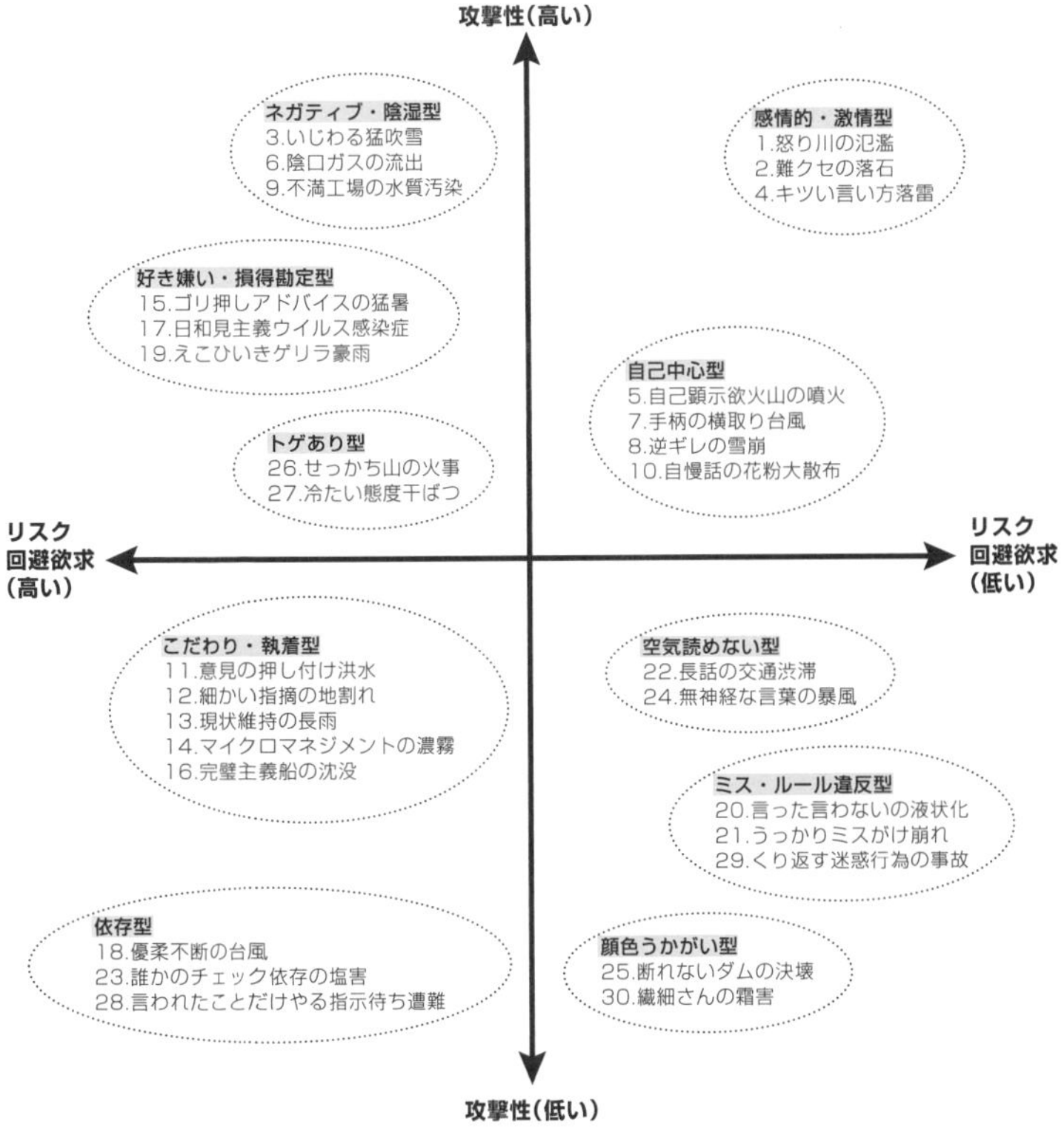

攻撃性（高い）
攻撃性（低い）
リスク回避欲求（高い）
リスク回避欲求（低い）
ネガティブ・陰湿型
3.いじわる猛吹雪
6.陰口ガスの流出
9.不満工場の水質汚染
感情的・激情型
1.怒り川の氾濫
2.難クセの落石
4.キツい言い方落雷
好き嫌い・損得勘定型
15.ゴリ押しアドバイスの猛暑
17.日和見主義ウイルス感染症
19.えこひいきゲリラ豪雨
自己中心型
5.自己顕示欲火山の噴火
7.手柄の横取り台風
8.逆ギレの雪崩
10.自慢話の花粉大散布
トゲあり型
26.せっかち山の火事
27.冷たい態度干ばつ
こだわり・執着型
11.意見の押し付け洪水
12.細かい指摘の地割れ
13.現状維持の長雨
14.マイクロマネジメントの濃霧
16.完璧主義船の沈没
空気読めない型
22.長話の交通渋滞
24.無神経な言葉の暴風
ミス・ルール違反型
20.言った言わないの液状化
21.うっかりミスがけ崩れ
29.くり返す迷惑行為の事故
依存型
18.優柔不断の台風
23.誰かのチェック依存の塩害
28.言われたことだけやる指示待ち遭難
顔色うかがい型
25.断れないダムの決壊
30.繊細さんの霜害

この本の使い方

災害名

この本ではいつどこで起きるかわからない職場での人間関係のトラブルを、「災害」になぞらえて紹介しています。

この災害の対処方法を、「分析」→「防災方法」→「復興プラン」の３つの順番で解説していきます。

分析　原因と特徴

なぜ人間関係のトラブルが起きるのか、そのトラブルメーカーにはどんな特徴があるのか、ほかにどんなトラブルを起こす可能性があるのかの分析です。

相手を知ることで対応でき、あまり気にならなくなります。

防災方法　クセの強い人に出会っても助かる方法

知っているようで知らない、人間関係のトラブルを未然に防ぐ方法を紹介します。

事前の備えがいざというとき、あなたの大切な心を守ります。

復興プラン　ピンチを切り抜ける方法

人間関係のトラブルが発生したとき、状況の悪化を防ぎ、くり返させないための初期対応を紹介します。

防災標語　気にしすぎないための考え方

人間関係の災害から、心を守るためのお守りです。

1章

ピリピリ災害

攻撃的で危ない災害

防災

01

災害名

怒り川の氾濫

すぐカッとなって逆上する人

ちょっとしたことでもすぐに怒り、職場の空気を悪くします。舌打ちをしたり、気に入らないと机やゴミ箱を蹴るなど物にあたることもあります。

「すぐ怒鳴る上司が怖くって……。この前、新入社員にも『新人なら、もっと大きな声で話せ！』って怒鳴るもんだから、みんな凍りついちゃって」

「こわ～い!!　すぐ感情的になる人は困りますよね」

「怒鳴ったあとに『君に成長してほしくて言ってるんだ』って言ってたけど、正直、些細なことでそこまでキレる意味がわかんなくて……」

「怒鳴られると人はショックで頭が真っ白になって、フリーズするだけなのにね」

分析　怒鳴る人は臆病者

怒鳴ってあなたを萎縮させるなんて、かなり時代遅れな人です。仕事で優れた成果を上げるためには、職場のメンバーに非難される不安がなく、安心して意見を言ったり行動できる環境（心理的安全性）が重要であることが、Googleのプロジェクトチームの研究でも証明されています。怒鳴られるとショックから立ち直るのに相当エネルギーが必要です。しかも仕事の効率も落ちてしまうんです。だから、ストレスを溜めないように手を打っていきましょう。

怒鳴るタイプは様々。**代表的なのは激情型。感情が抑えられず、気持ちがすぐに表情や**

態度に出ちゃう人。共感性が乏しく、あなたの気持ちや事情を察することができません。

もうひとつは、自己防衛型。不安で怯えてる人です。「あんなに偉そうに、怒鳴ってる人のどこが？」って思いますよね？

でも、「弱い犬ほどよく吠える」というように、本人は「舐められるんじゃないか……」「部下のせいで自分が迷惑を被るのでは？」と不安でいっぱいなんです。だから、怒鳴って威嚇し、あなたを萎縮させ、自分の不安を解消しようとする自己防衛なんです。

STEP 1 防災方法

「怒鳴られないように、ちゃんとしなきゃ」と自分でプレッシャーをかけて、ビクビクしちゃうとミスも増え、ストレスも溜まりますよね？

実は、人は無意識に、怒鳴っても許される弱い相手を選んで怒りをぶつけています。だから、怒鳴られてもひるまない人と思ってもらうことが大切。

その方法は……**①背筋を伸ばす②相手の目を見る③萎縮せずに話す。**

こんな簡単なことでも、相手はあなたに怒りをぶつけにくくなります。

さらに、この方法で、今まで怖くてしっかり見られなかった相手を直視するので、「この人、虚勢をはって、声がデカいだけで、内容がない」など冷静に観察でき、恐怖心がだんだん薄れていくはずです。暗闇でロープを蛇だと勘違いして驚くことありますよね？　それって、恐怖でよく見てないから、勘違いするんです。同じように、**恐れのない目で相手を見ると「怖い人」じゃなくて「怯えてる、かわいそうな人」に見えてきて恐れが消えます。**

さらに、**話しかけるときはなるべく人目があるところを選ぶこと。**二人きりだとすぐキレる人も、他人の目があると、感情にブレーキをかけやすくなるからです。仕事で話す相手は選べなくても、話す場所は選べます（もちろん機嫌が悪いときに話しかけるのはＮＧ）。共感性が乏しいので「普通、常識でわかるでしょ……」と思っても、しっかり説明することで相手もあなたの状況を理解でき、怒りの爆発を回避できる可能性が高まります。

また怒鳴る人は「馬鹿にされるのでは？」と恐れているので、自分が上の立場だと思うと「どうしてくれるんだ!!」と結論を急がせたり、特別扱いを要求してくることも。自信がないからこそ、「自分をもっと大切に扱ってほしい」と主張してくるのです。そこで普段から「さすが目のつけ所が違いますね」など相手を立てて、丁寧に扱うとトラブルを避けることができます。

STEP 2 復興プラン

心理学では、「人は自分に似た人に信頼感や安心感を感じる」とされています。だからまず、勢いよく怒っている相手には、**こちらも相手のペースに合わせて（ペーシング＝同調行動）勢いよく謝りましょう。**次第に相手が安心感を感じ始めたら、こちらから冷静に話し始める（リーディング＝導く）と自然に相手の口調も穏やかになります。これを心理学では、ペース&リードといいます。カッカしている相手に「まず、冷静になりましょう」などと落ち着いて話すのは、ディスペーシング＝反同調行動なので、余計に怒らせてしまいます。（※P201コラム4参照）

謝罪するときは、「ご迷惑をおかけして、申し訳ございません！」「お待たせして、申し訳ございません！」など**相手が不快に感じた点のみに限定してOK。**あなたがすべての責任を取る必要はありません。

実は怒りのピークは短く、米国アイオワ州大学の研究では、2分間座っているだけで怒りの感情が消えるという結果が出ています。だから、**長くても2分程度、時間を稼ぎ、相手の怒りが収まるのを待つのが賢明です。**立ち上がって怒っている相手を、「じっくり話をお聞きしたいので、おかけください」と椅子に座らせるだけでも、怒りで上昇した血圧が下がり、冷静になる場合が多いのです。

最初は、言い訳や事情説明は控えましょう。相手の言葉をオウム返し＋ねぎらいで、相手の状況や気持ちを理解してることを伝え落ち着いてもらう方が賢明です。

「土下座しろ！」などと暴言を言われても、「土下座ですか……困りました」と相手の言葉をオウム返しをすると、自分が言い過ぎていると気づいてくれる場合があります。

それでもエスカレートするなら、ついに法律の出番です。「土下座しろ！」「クビにするぞ！」は強要罪、「殺すぞ」「どうなっても知らないぞ」は脅迫罪、「慰謝料払え」は恐喝罪になる旨を伝えたり、「大切なお話なので、聞き漏らしがないように録音（またはメモ）させていただきます」と記録を残すことで、「言った、言わないの」水掛論を防ぎ、脅迫めいた暴言の抑止力になります。

怒鳴る人　みんなで包囲　身を守れ

防災

02

災害名

難クセの落石

ネチネチと粗探しをしてくる人

他人の失敗に敏感で、指摘したり、揚げ足を取ってきます。他人の成功・功績を認めることはありません。

「先輩が『手際が悪いな～。営業何年やってんの？』とか、定時で帰ろうもんなら『もう帰るの？　ヒマでいいね』とか何かにつけて難クセをつけてくる人がいて、気が滅入るんです……」

「滅入るね。だって、仕事の注意じゃなくて、カワウソ君に〝能無し〟判定してるもん！」

「え、ボク、能無しの烙印を押されちゃってるの？　ショック！」

「気にしないで♪　カワウソ君がショック受けちゃうとまんまと相手の思い通りだから」

分析

自分の成長をあきらめた人が難クセをつける？

仕事上の注意は反省・改善が必要です。しかしあなたの人格などを否定して、傷つける言葉は、真面目に受け止めなくて大丈夫です。

心理学では皮肉を言うなどして、相手の人格や能力・経験などを軽視したり、事実を歪めることをディスカウント＝値引きといいます。たとえば計算ミスをした場合、「計算ミスがあったから気をつけてね」は事実の注意で、改善が必要。反対に「こんな計算もまともにできないの？」は事実を歪め、あなたの能力をディスカウントしています。このように傷つけようとする悪意のある言葉は、スルーでＯＫ。

難クセをつける人は、深層心理でありのままの自分のことを死ぬほど嫌っている人です。だからといって自分を成長させ、経験や実績を積む努力はしません。大変だし、失敗したくないから。そこで、**無能さを隠し自分を保つために他人を引きずり降ろします。**相手の欠点やミスを探して指摘することで、自分の欠点に向き合わずに済み、自分に実力や功績がなくても、相手を否定さえしていれば、実際にはない自分の有能さ（仮想有能感）を感じられるからです（心理学では、「『とっちめてやるぞ』の心理ゲームをしている」といいます）。

ちなみにクレーマーも同じで、普段の生活では周りから相手にされないので、お店にクレームを言うことで、嫌な気持ちになるけど、お店の人と濃密なコミュニケーションができ、相手になってもらえたと充実感を感じます。つまり、承認欲求からの行動なんです。

だから、何かにつけて、ケチをつけあなたを攻撃するのは、自分の有能さを証明したい・自分をかまってほしいだけなんです。

STEP 1 防災方法

相手は、いつもあなたの粗を探しています。だから、あいさつ、身だしなみ、業務知識まで可能な限り完璧にして、付け入る隙を与えないことが大切です。

仕事中も大事なことは事前にしっかり説明して、決定事項、契約事項などは書面などに残しておくと、トラブルになっても証拠になるので安心です。

とは言え、このタイプはどんなに完璧に準備していても、何かと因縁をつけてきます。そんなときは、**社内のルールに則って行動しましょう。**文句も言われにくく、言われたとしてもルール上は問題ないのでスルーできます。

相手は自己肯定感（自分を大切な人間だと感じる力）が低いので、いつも自分と他人を比べています。そして、あなたの優れた点を発見すると妬みや嫉妬から、難クセをつけてきます。防衛策はふたつ。

ひとつめは、**「さすが、〇〇さんですね！」と相手を持ち上げておくこと。**相手は優秀なあなたが現れたことで、自分の立場が脅かされるのを恐れています。だから、「私はあなたの敵ではありません」という雰囲気を出して安心させてあげましょう。

一見白々しいほめ言葉でも、本物の自信がない仮想有能感の持ち主は喜びます。反対に真に自己肯定感が高い人は、お世辞は喜びません。

ふたつめは、**相手に恥をかかさないこと。**相手は自分が特別で賢く、常に正しく、他人が間違っていると思っているので、指摘されるのが嫌いです。

たとえば、貸会議室の鍵の返却を依頼する際「退室時間ですので、急いで鍵を返却してください」と伝えると、相手は強制されたと感じ、「こっちも、都合があるんだ！　ちょっと時間が過ぎたぐらいで急かすなよ！」と言葉尻を取られかねません。

だから「退室時間ですが、ご都合よろしいでしょうか？　何かお手伝いすることはありますか？」と相手に配慮することが大切です。すると相手も、「机の現状復帰で遅くなっていて、すいません」と冷静に対応してくれる可能性が高くなります。

STEP 2 復興プラン

あなたの失敗を見つけたら、相手は徹底的に攻撃します。「理由があるから責めていい」と自分の怒りを正当化できるからです。そこは、火に油を注がない対応が大切です。

「ですから、先ほども申しました通り」のように「ですが」「ですから」「だから」などの否定の意味を持つD言葉で反論すると、「言い訳ばかりして、なんなのその態度！」など余計ヒートアップしてあなたを攻撃します。

だから、「失礼しました」「承知しました」「すいません」など、**受け入れ姿勢を示すS**

言葉を使って、相手の攻撃を受け流す方が賢明です。

何か説得をしたい場合は、「○○さんも先ほどおっしゃった通り……」と相手の意見を土台にして伝えると、自分が常に正しいと思っている人も納得しやすくなります。

最後に忘れちゃダメなのが、この人たちは責任転嫁をするのがうまいということ。だからなるべくほかに人のいるところで話したり、メモや録音で証拠を残すといいと思います。そうすることで、あとから「あなたのせいだ」と言われるのを避けられます。

そして、**相手の攻撃であなたがストレスを溜めずに、嫌な感情にどっぷり浸からない方法でオススメなのが「替え歌」**です。たとえば、童謡『どんぐりころころ』の曲で「上司がネチネチうるさいな〜。ど壺にハマってさあ、大変」と心の中で歌うとバカバカしく思え、気が楽になりませんか？

これも心理療法のひとつなんです。

防災標語

粗探し　無能を隠す　隠れ蓑

1章　ピリピリ災害
2章　ムカムカ災害
3章　イライラ災害

防災

03

災害名

いじわる猛吹雪

陰険で遠回しに嫌がらせをする人

気に入らないと、無視や、嫌味を言ったりと嫌がらせをし、人前で嘲笑います。言い返すと「ただの冗談だよ！」と誤魔化します。

「会社であいさつしても無視したり、ドアをバーンって閉めたり、『ボク、なんかした悪いことした？』って罪悪感を感じちゃう人いるんですけど……」

「罪悪感、感じなくて大丈夫。それ、『受動攻撃』っていって、カワウソ君に直接言えない不満を遠回しにぶつけてるだけだから」

「もしかして、声をかけても聞こえないふりとか、皮肉を言ってくるのもですか？」

「その通り！　無視や皮肉、嫌がらせは『受動攻撃』です」

分析　気にしなくていい3つの意地悪

上司にあなたが「来週の金曜日お休みをいただきたいのですが」と言うと「はぁ～。（ため息）休みね。ハイ、わかりました……」とムッとされたり、営業で新規開拓を成功させたあと、同僚が集まるランチで「新しく何かを開拓するより、現状維持する方がよっぽど大変なのに、会社には評価されないよね」と遠回しにあなたを否定するのも「受動的攻撃行動（以下受動攻撃）」と呼ばれるものです。

「受動攻撃」とは自分が感じている怒りや不満などを直接口に出さず、間接的にあなたにぶつける行為です。

受動攻撃は、もとはアメリカの軍隊で、上官の命令に逆らえない部下が、わざと仕事を遅らせたりして、間接的に反抗心を表したことから生まれた言葉です。この攻撃は主に、**無視・批判・妨害という3つの形で行われます。**

目を合わせないようにしたり、聞こえないふりをするのは「無視」。「今日は冴えてるね！いつもピントがズレてるのに」とほめ言葉に辛辣な一言を付け加えるなどして、みんなの前で恥をかかせるのが「批判」。仕事になかなか手を付けず、「締め切りを忘れていた！」などと言って、あなたをわざと困らせるのが「妨害」です。はっきり文句を言ってくる攻撃は、犬が吠えたり噛むようなわかりやすい攻撃。受動攻撃はハリネズミが丸まって背中のハリで防衛するように、相手が手出しできないように、壁をつくる自己防衛なんです。

この受動攻撃は、意識的または無意識的に行われます。実は、受動攻撃をする人は、子どもの頃に、支配的で怖い親に直接反抗できず、受動攻撃で反発していたり、親から受動攻撃を受けていた場合が多いんです。

その結果、親から学んだ歪んだコミュニケーションで、大人になっても他者に関わろうとしてトラブルになるんです。

STEP 1 防災方法

受動攻撃をする人は、表に出せない怒りや不平不満を抱えています。仕事を頼まれて「はぁ～」とため息をつくのは「忙しいのに、この仕事も私がやるんですか？」とストレートに言えないから、遠回しに不満を表現しています。つまり、受動攻撃する人はあなたに「もっと、察して！」「配慮してほしい」と願いながら、言えなくて不満を溜め込んでしまった人なんです。

そこで、**ネガティブな感情を吐き出させてあげると、そもそもいじわるな受動攻撃に走らなくなります。**

たとえば、普段から「何かあれば、いつでも相談してくださいね」「先輩の苦労話を聞きたいです！」と声をかけ、愚痴や本音を話せる環境をつくるのが効果的です。

また、もしあなたが会社に働きかけられるなら、意見が言いやすい仕組みをつくるのも効果的です。

ある企業では「困りごとや不満を紙に書いて箱に入れてもらい、必要に応じて上司が対処する」という取り組みをしたそうです。結果、たったこれだけで受動攻撃が減り、退職者まで減少したといいます。そこまではムリなら、定期的な個別のミーティングで本音で話せる環境をつくることもオススメです。

仕事をわざと遅らせるような妨害は、仕事の締め切りや手順、報告・連絡・相談のタイミングなどを事前に細かく指示し、確認すると、ある程度防ぐことができます。

STEP 2 復興プラン

廊下であなたが同僚と立ち話をしていると後ろから、書類を運んでる相手が、ムッとしながら「邪魔！」と言ってきたとします。相手はただ通りたいだけですよね？

本当はそんな言い方で受動攻撃をしなくても、「書類を運んでいるので、道をあけてください」とお願いしてくれれば済むことです。ところが、「こっちは重い書類持ってるんだから、察して、ささっとどきなさいよ！」という本音が隠されているからキツい言い方になるんです。

そんなときは、**冗談っぽく相手の本音を代弁する**のが有効です。「通りにくかったですね！　気づかずに失礼しました！」とか「早くどけよ！　って感じですよね？（笑）」みたいに冗談っぽく相手の本音を代弁すると、相手も「察してくれた」と感じ、笑うなど緊張が緩み、過剰に反抗しなくなります。

上級者向けですが、質問するという方法もあります。休みの申請をしたら、ため息をつかれた場合、「それは、その日は休まないでほしいということでしょうか？」と質問するのです。

「それは、〇〇してほしいということでしょうか？」と相手の本音を言い当ててみるのも相手がストレートにモノを言う練習になるので効果的です。

そうすることで、相手が「はっきり言ってもいいんだ！」と安心して、次回からストレートな表現方法になることがあります。

ただし、「なんですか、その態度。なんか文句があるんですか？」と喧嘩腰に、あいまいに指摘するのはNGです。

最後に、仕事の締め切りをわざと守らないなど妨害に当たる行為があった場合。「次回、このように期日が守れなかったら、担当を変わってもらいます」など、限度を提示して、受動攻撃を許さない姿勢も大切です。

防災標語

怖いけど　相手はもっと　怯えてる

防災
04
災害名

キツい言い方落雷

すぐに感情的になる・攻撃的な人

思い通りにならないとキツい言い方でイライラをぶつけてきます。こちらの言い分は聞いてくれません。

「言い方がキツイ先輩がいて、いつもイライラしてて、『いつまでやってるの?』『これ確認したの?』って語尾強めで言われると萎縮しちゃうんです……」

「そうだよね。イライラオーラ全開だと話しかけるのもためらっちゃうね」

「はい。自分の思い通りにならないとすぐにイラついて、キーキー言うし……」

「イヤですよね。でもスルーする方法もあるから安心してね!」

分析 キツい言い方はあなたをコントロールする手段!

あなたを萎縮させるキツい言い方をしてしまう理由もいろいろ。マイペースで周りへの配慮に欠ける人、寝不足や体調不良などもあるけど、多いケースを紹介します。

心理学では「怒り」は第二感情で、その奥には「期待」という、怒りの根本原因の第一感情が隠れています。だから、**相手への期待が高いほどイライラして、キツい言い方をしてしまいがち**なんです。で、期待通りに動いてくれないあなたを手っ取り早く従わせる手段として、攻撃的な言い方を使っちゃうんです。

また、過去に強く言うことで、「相手を思い通り動かせた」「自分の意見が通った」という成功体験があると余計にキツい言い方でその場をコントロールします。

これは、習慣化されたコントロール欲求からの行動です。

一方、脳疲労が問題行動の引き金になることも……。寝不足や大きなプレッシャーがかかる業務が重なり、心身ともに慢性的なストレスにさらされると、脳の扁桃体が暴走します。

するとストレスホルモンが絶えず出て、自律神経が乱れ、情緒不安定になり他人を配慮する余裕がなくなり、キツイ言い方になっちゃうんです。

相手をよく観察して、どっちの怒りなのか察知できると対処しやすいはずです。

STEP 1 防災方法

自分の思い通りにならないとすぐイライラしちゃう人は「これくらいできて当たり前でしょ?」と周囲への期待感が高すぎるんです。

だから、**相手がイライラし始めたら、「この人は何を期待していたか?」を探る**んです。なんでも急いでやるタイプなら「素早く対応してほしいのか?」と想像したり、反対に細かいことにこだわるタイプなら「丁寧に確認してほしいのか」など見当をつけます。その期待を考え、応えるようにすれば、地雷を踏まずに済みます。たとえば相手がせっかちなタイプなら「こんなに時間がかかったら、腹が立ちますよね？ 私が先輩の立場でもイライラすると思います」と相手の本音を先にあなたから口にしましょう。すると相手は自尊心が満たされ「そんなことないけど……」と態度を軟化するはずです。心理学のテクニックですが、ぜひ、試してみてください。

扁桃体の暴走でキツイ物言いになる場合は、一番有効なのは、「仕事量を減らす」「部署を変える」などストレスの原因を直接取り除くこと。でも、ムリな場合も多いはず。そこで、**あなたの負担にならない範囲で「何か手伝いますか？」など声をかけるだけで相手の心は軽くなり、八つ当たりが減るはずです。**

また、イライラは脳の幸福ホルモンとも呼ばれるセロトニンを増やすことがカギ。そのためには、ラジオ体操のようなリズム運動や、日光を浴びるのが効果的。だから、外回りの営業やちょっとしたお使いなど、外を歩くようなお願いをするのもひとつです。

STEP 2 復興プラン

キツく言われるとどうしてもオドオドしちゃいますよね？ そこでストレスを溜めず、**平常心を保つためにオススメなのは、頭の中で相手を仮装させちゃうこと**です。たとえば、仮装グッズのように、うんこの帽子や、キラキラの少女漫画の瞳が描かれたアイマスクを相手につけるんです。すると、なんか深刻さが減って、気持ちがラクになりませんか？

これはサブモダリティーのチェンジという、本質は変わらないけど、受ける印象を変える心理テクニックです。ニンジン嫌いの子どもにニンジンを星型に切ると味は変わってないのに食べてくれますよね？　怖い映画も指の間から観るとストーリーは変わってないのに怖さが軽減されますよね？

それと同じで、頭の中で仮装させることで、キツいことを言う人という本質は変わってないけど、あなたが受ける衝撃は弱まります。実際、キツい先輩が話し出したら、犬のかぶり物をイメージの中でかぶせて、心の中で「ハウス！」と言っていたら、怖いどころか、笑いを堪えるのに必死だったというほどの効果を感じた人もいます。この方法で、ショックを軽減させましょう。

一方、ある企業では、新人指導が厳しい先輩社員が、「なんでこんなこともできないの？」など強い口調で注意し、その新人は先輩が怖くなり、ほかの社員に質問するようになると「私があなたの指導担当だよね？」とさらにキツく言われついに退職してしまいました。こんな感じで退職者があとを絶ちません。

このよくある問題は、キツい言い方の社員に、上司は仕事ができるからと、特に何も言わず、見て見ぬふり。形だけの注意をして、あとは腫れ物をさわるように扱うと問題行動が助長されます。

しかし、上司が「入社したばかりで、できないのは当たり前でしょ」と本人に注意しても「できてないから、なんでできないの？　と聞いただけ」「ミスが多いから注意しただけ」「自分は間違っていない」の一点張りになることも。この問題は、**「伝え方」を直してもらうように伝えるのがポイント。**上司から「新人のミスが多いのが不満なのはわかりました。その上で、感情的に伝えるのは控えてください。落ち着いた声のトーンで注意してください」と指導してもらいましょう（改善されない場合は、部署移動など処分も念頭に入れる）。

さらに、可能なら自分で「感情的に言われると萎縮するので、冷静なトーンでお話ししてもらえますか？」とお願いするのも大切です。（※P138コラム2参照）

防災
標語

アイマスク　かぶせて緩和　ヒステリー

防災

05

災害名

自己顕示欲火山の噴火

他人を見下すナルシストで自己中な人

自分を過大評価した発言が多く、他人を見下します。目立ちたがり屋で、会話に割り込んでくることもあります。

「先輩にボクが失敗すると『こんなこともできないのかよ！』ってめっちゃ大ごとみたいに怒るけど、自分が失敗すると笑って誤魔化す人がいるんですよ。人に厳しく、自分に甘くてイヤになります」

「大変ですね。自分以外はみんなバカって思っている典型でしょうか？」

「そうなんです！　一度、耐えかねて『先輩も前、間違えてましたよね？』って言ったらそれ以来、すれ違いに『お疲れ様です』って言ってもスルーされたり、態度が明らかに冷たくなったんです。まいっちゃいます」

分析 人を見下すのは、愛されるための手段!?

このタイプは自分の実績を過大評価し、周りから賞賛を得ようと、自分の有能さを常にアピールします。

「自分以外は無能で何を言ってもムダ」と他人を過小評価し、自分は特別ですごい人とだけ付き合うべきと考えています。権力者や有名人との交流を自慢します。

権力者と自分を同一視し、自分が優秀で成功者だと見せかけるのが目的です。

でもそんなふうになってしまった裏には、ちょっと切ないストーリーがあるんです。自己顕示欲の強い人は幼い頃から、「そのままの君でOK」「生きているだけでOK」と無条件に愛された経験がないんです。

「勉強ができたら」「一番になったら」など、親の期待に応えないと見捨てられる、価値がないと感じる、条件付きの愛しかもらえませんでした。すると「愛されるため、認められるためには条件をクリアしなければならない」と考えるようになります。

だから期待に応えるために勉強やスポーツをがんばったり、兄弟姉妹のめんどうを見たり努力をして実際に結果を出してきた人も多いのが特徴です。

このような経験から、**本当の自分を見せたら愛してもらえないと思いこんで、100点満点の自分を演じてしまう**んです。

それが周りには、自己顕示欲の強い人と映るんです。

自己顕示欲の強い人は周りの人を批判するくせに、自分は批判されたり、叱責されることに非常に弱いのも特徴です。人から指摘や反対をされると、自分の存在を否定されたように感じ、自尊心が傷つきます。それで、自己防衛のために相手に噛みついてしまうのです。

第一印象は良くても、次第にメリットがある人にはいい顔をし、そうでなければ、この人には気を使う必要なしと判断し、「はぁ?」「何?」などと横柄な態度をとり始めます。

STEP 1 防災方法

相手がアピールしたいことを先にほめるのが有効です。自分を称賛し、気分を良くしてくれる相手＝メリットのある人物と判断するため、あなたをバカにする確率が減ります。

ただ自己愛の問題は根深く、本人も気づいていない場合が多いのです。自分で等身大の自分にOKを出し、他者承認ではなく、自己承認できるようにならなければ、根本的な解決はできません。

ある企業では社員の誕生日には必ず朝礼で「おめでとう」を伝え、お祝いします。これは「生まれてきてくれて、ありがとう」と無条件で相手を認める行為です。

相手が努力している点やがんばっている点にフォーカスし、「○○さんは仕事が早いから助かるよ」と条件付きでほめるのではなく、**「○○さんがいてくれるだけで安心する」など、存在そのものにOKを出すことも忘れずにやっていきましょう。**

こうした積み重ねで、相手が「完璧じゃなくても、欠点があっても、ありのままの自分でOK」と思えれば、根本解決に近づきます。

STEP 2 復興プラン

相手にバカにされた場合、**怒ってしまうと泥沼の戦いになるので避けましょう。**次の日からあいさつしても無視とか、会議であなたの初弁に必ずケチをつけるなどの攻撃が始まります。

1日3食食べる人が朝ごはんを抜いたら、腹ペコでお昼ごはんはガツガツ食べちゃいますよね？

同様に、このタイプは、幼い頃に愛情というごはんをもらえなくて飢えてる人。だから、賞賛されたい。そのために人を見下して、自分はすごいと思いたいだけ。愛情飢餓だから、しょうがないって思うと気持ちがラクになりませんか？

相手があなたを見下してきた場合、カッとなって言い返すのは厳禁。このタイプは自尊心が傷つきやすく、挫折に弱いので、自分の思い通りにならないと激昂したり、あなたを無能呼ばわりすることも。それがパワハラなどに発展したり、逆に相手が挫折から立ち直れず体調を崩すことも。「これは私の仕事ではない」「できるけど、やらない」など現実逃避をすることまであるんです。

何か注意や指導をする場合は、個人的な見解ではなく、会社のルールやデータなど客観的な指標から評価を下していることを本人にわかるように伝えることで納得してもらいやすくなります。

相手が見当違いな発言をしても、頭ごなしに「いや、そうじゃなくて……」と否定すると相手のプライドを傷つけるので「私も最初、そう思ったのですが……実は○○らしいですよ」と伝え、摩擦を避けるのが無難です。

防災標語

賞賛を　求める悲劇　理解する

防災
06
災害名

陰口ガスの流出

噂話・悪口が好きな人

地獄耳で「なんでそんなことまで知ってるの？」ということまで話題にして、仲間と一緒に人の批判をします。ときには根も葉もない噂を流されることもあります。

「この前、廊下で同僚がボクのこと『毛深くて、気持ち悪い』とか陰口言ってるの聞いちゃって。結構、ショックなんですけど……」

「辛そうだね……。ビーバーちゃんは自分の悪口が書かれたメールが同僚から間違って送られてきて、問いただしたら『冗談だよ』と誤魔化されたって。かなり凹んでたよ」

「それも、つらい誤送信ですね……」

「うん。でも、陰口言われたら、喜んでいいよ！　相手がカワウソ君に完敗してるって証拠だから」

分析

陰口を言うとき、頭の中では何が起こっているのか？

陰口を言う人は、劣等感が強く、嫉妬心が強い傾向があります。また、自分は仕事で成果が出せないなど、理想と現実にギャップがあり、ストレスが高い状態になっています。だから、他人を批判したくなるのです。かと言って、面と向かって「私は反対です」などと言う勇気はないんです。

さらに、**悪口・陰口を言うと、脳にドーパミンという快楽ホルモンが出るため、一時的に気分が良くなるのでやめられない**んです。仲間内で居酒屋や休憩室で、気に入らない同僚の陰口を言うのは、スポーツなどの趣味より、手軽なストレス発散方法なんです。自分の劣等感を忘れられ、共通の敵をつくることで、仲間の結束力も強くできます。

でも、実際はコルチゾールというストレスホルモンも同時に分泌されてるんです！　批判が多い人はそうでない人より、認知症のリスクが3倍、死亡率が1・4倍も高まるという研究結果もあるほど……。

そんな悪影響を知らずに、陰口を言う人は、ゴシップネタを集めるため、あらゆる人の会話を地獄耳で聞いています。人はネガティブな話題に興味を持ちやすいので、それを仕入れて広めることで、影響力を持とうとするのです。

また、いつも自分が陰口を言いふらしているので、「誰かが自分の陰口を言うのでは？」という投影（＝自分の悪感情を相手も持っていると思うこと）が起こるので、人の発言が気になって仕方ないんです。

STEP 1 防災方法

陰口を言うのは、あなたへの嫉妬や妬みが原因。そこで、**陰口を言われないように相手の懐に入る方法もあります。**相談を持ちかけるんです。「ちょっと、ご相談があるのです

が……」と小声で相談すると相手に特別感が生まれ、親密度がアップします

心理学では秘密の共有で強い連帯感が生まれることを、クロージング効果と呼びます。

もちろん、仕事の話やあなたが知られても困らない秘密を相談すればOK！

最初は相手に「あの人、急に私を頼ってきて」とか陰口を言われると思いますが、徐々にあなたに優越感を抱き、仲間意識まで芽生えたらこっちのものです。

しかし昔から「人の口に戸は立てられぬ」というように、人の批判や噂を完全に防ぐ方法はありません。だからこそ大切なのは、悪口・陰口を気にしないことです。

「出る杭は打たれる」といいますが、陰口を叩くのは、相手にとってあなたは実力者でうらやましい存在に映っているということです。

陰口を気にして意気消沈、営業成績が下がるなんてことになったら相手の術中にはまっています。それはもったいないことなので避けましょう。

「自分の実力が認められてる」とリフレームして（※P76コラム1参照）喜べばいいんです。

気になるかもしれませんが、陰口を言う人の話を本気にする人はいません。

仏教では「穢れのない人、罪のない人、清らかな人に害をなせば、その愚か者にこそ、

悪は戻る。逆風に投げた微塵の如く」という言葉があります。誹謗中傷は向かい風に向かってゴミを投げつけるようなもので、必ず本人に返ってくるという因果応報の教えです。

心理学でも脳は「人称」（＝私、あなた、彼、彼女など）を理解できないと言われています。つまり「あの人最低」と陰口を言うと、脳では「私って最低」と自ら自己肯定感を下げる暗示をかけているのと同じなんです。

先ほどもお伝えしましたが、**陰口を言う人は寿命を縮め、信頼されず、成果も上げることができないかわいそうな人なんです。そう思って、スルーするのが一番です。**

そして普段から陰口集団の影響を受けないように、仲の良い人たちを社内外につくり、趣味を楽しむなど、心の安全地帯を持っておくことも大切です。味方がいると気がラクになりますよ。

STEP 2 復興プラン

悪口を聞こえるように言ってくるなら、「もしかして、それ私のことですか？」と詰め寄ることもできますが、陰口はそうではないので、**「私のことがうらやましいんだ！」と気にしないことです。**ストレスを溜めないよう信頼できる人に相談し、ひとりで悶々としないようにしましょう。なんだかモヤモヤするときは、その**気持ちを紙に書き出す**ジャーナリングがオススメ。テキサス大学の研究でも感情的に大きな影響を受けたことを書くと、心身の健康が向上したという結果が出ています。（※P76コラム1参照）

場合によっては、誰かの陰口を聞かされることもありますよね？

そのときは**同調せずに「へー」とスルーし、仲間に加わらないようにしましょう。**特に相手が得意げに話すとっておきのゴシップネタは、リアクションを薄く。人はリアクションが薄い人のところにはあまり話に来ないものです。

「陰口はやめた方がいいよ！」などと警告すると敵視され、面倒なことに巻き込まれるので、さっと違う話題にさりげなく切り替えるだけでも十分です。

歌人で言葉の錬金術師と呼ばれた鬼才・寺山修司は、「悪口の中においては、常に言われている方が主役であり、言っている方が脇役であるという宿命がある」と言っています。あなたの悪口・陰口を言う人は、所詮、脇役のヒマ人なんです。

防災標語

陰口を　言えば寿命が　縮むだけ

防災

07

災害名

手柄の横取り台風

手柄は横取りし、罪は人になすりつける人

「自分がいたからうまくいった」など自分を大きく見せる誇張表現が多く、スタンドプレーが目立ちます。手柄の報告が多く、失敗を隠し、他人のせいにします。

「ボクがつくった企画で、結果も出したプロジェクトを、上司が会議で、自分の手柄のように話すんで、なんか納得いかないんですよ～」

「結果が出れば上司の手柄。失敗すれば部下のせいってよく聞く話ですね」

「上司としては、『オレが承認して、部署全体で実行したのだからオレの名前で企画書と結果報告書を出すのは当然』みたいな感じなんですけど……」

分析 からっぽの自分を称賛で埋めようとする悲劇

結果が悪ければ他人のせい、成果が出れば自分の手柄。「そんなバカな」って思いますよね？

このタイプにとって、あなたは自分のニーズを満たすためだけの存在。目的達成のために利用し、利用価値がなくなればサッサと縁を切ります。手柄も横取りするし、何も対処しないと使い捨てです。

では、なぜ他人をそこまで利用することができるんでしょうか？

それは普通の人には想像できないくらい評価されることに必死だからです。

必死すぎて、あなたを気にかける余裕がなく、共感性が低くなってとんでもないことでもできるんです。

実はこのタイプは評価基準がいつも他人軸なんです。つまり、誰かに評価されて初めて、安心できるんです。本当に自己肯定感高い人＝自分を大切だと思える人は、自分軸で生きているので、「自分は自分、他人は他人」と他人と自分を比較し一喜一憂しません。自分が納得できればＯＫなんです。

でも、他人軸で生きている人は、常に他者からの評価を求めざるを得ません。

これは子どもの頃の経験からきています。

親が子どもの内面よりも、学歴や容姿、運動神経など目に見える外的価値ばかりに目を向ける環境で育つと、子どもは外的価値観にしか興味がなくなります。そして無意識に「ありのままの自分に価値はない」と感じ、空っぽの自分を、他者からの賞賛によって埋めようとするんです。

ちなみに、放置しておくとほかの問題も起こすのがこのタイプです。

自分が優秀であると認められたい欲求が強すぎるため、仕事にトラブルが発生していても「順調です」と嘘をついたり、権力者に取り入って、スタンドプレーをします。

悪化させないためにも、ぜひ防災方法を実践してください！

STEP 1 防災方法

手柄の横取りや罪のなすりつけを「ブロックする方法」と「発生させない方法」のふたつがあります。

「ブロックする方法」は、自分の仕事や成果を明確にすることです。たとえば、数値化、リスト化（議事録、報告書）などで誰が立案者、責任者なのかを明確にして、相手が嘘をつくのを防ぎます。

成果を奪うのが上司なら、他部署の上司にも事前に自分の案について相談しましょう。会議では、自分で追加事項などを発言し、発案者であることをアピールするのも効果的です。

「発生させない方法」は、相手の「評価されたい」という思いを上手に利用すること。たとえば、相手がプレゼンが得意なら、「○○さん、プレゼンが上手なので、ぜひお願いしたいのですが」などと伝え、活躍できる舞台を用意します。活躍の場をつくれば、そもそも手柄を奪ったり、罪をなすりつける必要もなくなります。

もしあなたが会社の制度に関われる立場にいるなら、上司が手柄を上げるより、部下が手柄を上げた方が上司のマネジメント力が評価される仕組みをつくるのもいいですね。手柄を奪う上司は減少するはずです。

問題を起こすのが部下の場合は、相手をおだてつつ目立つポジションに置いて仕事を与えた方が、スタンドプレーを控えて仕事をしてくれます。

STEP 2 復興プラン

防ぐ努力をしても、「部下がつくった企画書は、自分がチェックして会議にかけるのだから、自分の仕事」と考えて平然と手柄を横取りする人もいます。

なら思い切って手柄をゆずってあげましょう！

「資料、揃えておきましたので、役員会で報告お願いできますか？」「次回、取引先へご同行お願いしたいのですが」など相手に出番をつくるんです。その方がムダな対立がなく、ときにあなたの味方になってくれるので、仕事もやりやすくなります。

冗談が言い合えるような間柄なら、「今回は、貸しですよ。何かおごってくださいよ！」などと冗談めいて伝えるのもひとつです。

罪をなすりつけられてしまった場合は、指摘しても「あいつのやり方が悪かった」「タイミングが悪かった」と罪を認めず、強く反発するのが関の山です。見下している相手から何を言われても聞く耳を持たないので、**注意は相手が一目置いている相手にお願いしましょう。**

それでも心がモヤモヤするときは、P76のコラムのリフレームを使ってストレスを溜めないようにしましょう。

「上司に手柄を横取りされた」をリフレームして、「上司に花を持たせてあげた」と考えると少し気持ちがラクになりませんか？

自分のために自分の気分が良くなる考え方を取り入れてみてください。

防災標語

ハゲタカに　出番をつくり　貸しつくれ

防災

08

災害名

逆ギレの雪崩

開き直ってああ言えばこう言う人

何か注意しても自分の非を認めず、逆ギレしたり、謝っても態度が明らかに不機嫌になります。人の間違いには厳しいという面もあります。

「後輩がミスしたときに『次は気をつけてね』って言ったら、「言われなくてもわかってます！」って逆ギレされちゃって。『自分が悪いんでしょ？』って思うんですけど」

「それは、災難でしたね。素直に謝ってほしいですよね？」

「そうなんですよ。注意すると口では『すいません』って言っても態度が明らかに不機嫌になるんですよ。この前は『私のせいじゃない』って逆ギレ。責任の所在じゃなくてリカバリーについて話し合いたいだけなのに。注意するのが憂うつなんです」

「キレないで聞いてほしいですよね」

分析

逆ギレは火傷と同じ!?

逆ギレは、ただのプライドの問題ではありません。**その人にとって認めることが、耐えられないほど痛くて危険だから起こるんです。**

誰でもミスを指摘されたり叱られると、ちょっと心が痛いですよね？

自分が欠けていた視点や、不足していた能力などの現実に直面するのは、大なり、小なりの痛みが伴います。叱られるときに「ちょっと、困るじゃないか！」など相手が感情を乗せて注意してきたら、さらにその衝撃も加わります。

自己肯定感がすごく低い人は、その痛みや衝撃に耐えられません。そして自分がすべて吹き飛ばされそうで、**自己防衛の手段として、自己正当化をしてしまう、それが逆ギレの正体**です。

失敗からあなたや自分の目を逸らすために「そんな言い方しなくてもいいのでは？」と言い方の問題にすり替えたり、「私だって一生懸命やってます！」とプロセスや気持ちの問題にすり替えて、あなたを責めます。

「謝ればいいいじゃん」と思いますよね？

でも逆ギレをする人は過去の経験の中で、失敗することが許されない環境だったり、そもそも許してもらった経験がないことが多いんです。だから「謝る＝身の危険」だと思い、逆ギレするんです。

さらに「ここの計算間違っていたよ」などの行動レベルに対する注意を、「お前は仕事ができないやつ」という人格否定レベルの注意に感じるため、自分の非を認めることができないのです。

このタイプは、過去の経験から「人間は攻撃的なので、自分の身を守らなくてはいけない」という否定的な価値観を持っているので、傷つきやすく、攻撃的な反応になりやすいんです。

火傷したところに触られたら、飛び上がって痛がりますよね？　それと同じです。

STEP 1　防災方法

まずは、**信頼関係を築いて、「私は、あなたを攻撃する人間ではありません」と証明することが大切**です。危険人物とみなされなければ、あなたのアドバイスも素直に聞いてもらえます。

では相手は、どんなことを攻撃だと感じるのでしょうか？

そのひとつが、「恥をかかされる」ことです。反対に**プライドを傷つけない言い方をすると、「この人、安心できるかも」と忠告を、素直に受け入れてくれます。**

「ここ、間違ってるよ！　修正して」とストレートに指摘すると、責められたと感じます。そこで「ここは、○○に直してもらえる？」と間違いを指摘するというより、修正点・正解を伝えてみましょう。

このタイプは元々、自己防衛の姿勢が強いので、何か言われそうになると表情が険しくなります。だから「何度言えばわかるの？」と脅すと、より自己防衛の姿勢を強化するためＮＧです。「私も最初はよくやっちゃったんだけど、ここ間違いやすいんだよね。私は、いつも、こうやって気を付けるけど、こうやってみるのはどう？」と自分も同じ経験をしていることを前提に提案することで、相手に恥をかかせたり、自尊心を傷つけずに済みます。

また、失敗したときに「大丈夫だよ、失敗しても次に活かせばいいから。徐々に慣れるよ」と**失敗しても許されるという経験をしてもらうことも大切**です。

STEP 2 復興プラン

逆ギレされてしまうと、「めんどくさいからもういいや」と関わらなくなることも増えますよね？

でも、どうしても言わなきゃいけないこともある……。注意はきっちり聞いてもらわないと、困りますよね？

安心してください。逆ギレしている相手にもわかってもらう方法はあります。

たとえば、注意したら相手に、「忙しい時期ですし、私だって一生懸命やってるんです！」

と逆ギレされたとき。ここで「そうだね。忙しい時期で大変だよね。手一杯のところ、悪いけど、納期は遅らせられないから落ち着いたら、取りかかってもらえる?」と**相手に共感しつつ、必要なことを伝えてみましょう。**相手は自分のがんばりをもっと認めてほしいだけなので、認めてもらえたと思って穏やかになるはずです。

率直に「あなたを責めているわけでない」と伝え、冷静になってもらうのも有効。話の論点をずらす発言があるときは、「その点は、あとで話しましょう。仕事が現時点で進んでないのは、事実ですよね。その解決方法を一緒に考えませんか?」など、**今起こっている事実だけにフォーカスし、そこを本人に認めてもらい、建設的な話ができるようにしましょう。**ポイントは、「一緒に」というところ。相手に敵じゃないと思ってもらうことで、冷静に戻って聞いてくれるはずです。

防災標語

違うよと　言えば言い訳　倍返し

防災
09
災害名

不満工場の水質汚染

愚痴・文句を垂れ流す人

被害者意識が強く、不満や不幸自慢ばかり口にします。周囲のアドバイスや意見をダメ出しだと受け止めます。

「事務職の後輩が『もう嫌だ！　また営業部のせいでこっちの仕事が増えた』とか『わたしばっかり、めんどうな仕事押し付けられる』とか文句ばっかり言うんです」

「聞いてるカワウソ君の方が憂うつになるよね」

「そうなんですよ……。この前なんて『先輩は電話に出ないからずるい！』とか。営業で外回り多いから、そりゃ電話は出られないですよ、ボクは」

「視野が狭いんですよね。『なんで自分ばっかり』って被害者ポジションに入っちゃってるんで、カワウソ君の事情とか配慮できないんですよ」

分析　不満はチャレンジしてない証拠!?

なぜ「もう嫌だ」「なんで自分ばっかり」と不満ばかりを口にする人がいるのでしょう？
実は、「受け身」の姿勢が元凶なんです。**何に関しても「やらされている」と感じるから、他責になり、不満が口をついて出るんです。**しかも、視野が狭く、相手の状況や苦労を理解できず、自分ばかり苦労していると思ってしまう……。

一方、何かに挑戦している人は、不安はあっても不満はありません。主体的に行動するため、成功しても、失敗しても自分のせいと反省し、納得できるからです。また、行動することの大変さや失敗したときの痛みもわかっているから、「ほかの人も大変なんだ」と想像ができるので、あまり不満を抱きません。

極論、主体的に行動している人には、「また残業か」「あの人なんなの」といった不満がないかもしれません。

「そんなの個人のやる気次第で、どうにもできない！」と思いますよね？

でも言葉がけ次第でなんとかなる場合もあるんです。

STEP 1 防災方法

受け身でいると、周りになんとかしてもらおうとするので、「天気が悪い」「電車が遅れた」などの状況に振り回されて不満が生まれます。発想を転換し、「天気が悪いから傘を持って行こう。明るい服で気分だけでもＵＰしよう」とか「電車が遅れたから、会社に連絡だけして、電車来るまでゆっくり本でも読もう」と自分でコントロールできることに集中すれば、不満はなくなります。

アメリカの神学者のニーバーの祈りには主体的に幸せに生きるための本質が隠されています。

「神よ 変えることのできないものを受け入れる冷静さと、変えることのできるものを変える勇気を与えたまえ。 そしてそのふたつを見極める賢さを与えたまえ」

こんなふうに主体的に考えられると随分不満は減りますよね?

受け身だから不満を言うのなら、相手を主体的に変えちゃいましょう。

たとえば、**仕事に取りかかるときは「これをすると、あなたにどんなメリットがありそう?」「○○さんならどうやりますか?」と自分ごとになるような質問をする。**すると自分で選択でき、コントロールできることに気づくので、やらされ感が減り、文句が減るんです。

文句を言わずに、行動してもらいたいときは、相手のモチベーションのパターンに合わせたNLP心理学のLABプロファイルの影響言語を使うのが効果的です。

人には頭に入りやすく、行動に駆り立てられる「キーワード」が存在します。その影響言語のパターンはふたつあります。

ひとつはやりたいことに向かう目的思考型。「~できる」「達成する」など成功をイメージできる言葉が響きます。

もうひとつは、リスクを避けたい問題回避型。「~しなくて済む」「避けられる」などリスクを避ける言葉の方が刺さります。

特にネガティブな発言が多い人は、問題回避型が多いので、「このチャンスを逃さないように！」「クレームを出さないために」と**落とし穴を避ける声がけでやる気を出してもらい、行動に結びつけるのが効果的**です。

STEP 2 復興プラン

視野が狭いだけで素直なタイプもいるので、**不満に寄り添ったあとでポジティブな視点を加えてあげるのが効果的**です。（※P76コラム1参照）

「また私だけ、めんどうな仕事を押し付けられた！」など不満を口にしたら、「めんどうなの？　部長はあなたの仕事を評価してるから、任せたんじゃない？」と伝えると、「そうかなぁ」とさっきまでの不満がまんざらでもないリアクションに変化する場合もあります。

ただし、「文句ばっかり言ってないで、もっと、前向きに考えたら？」と相手を批判するように指摘するのはNGです。

もしここまでやって効果がなく、我が身を嘆くことであなたの気を引こうとする人は「悲劇の主人公タイプ」です。

子ども時代、普段はそっけないのに、病気になったり不満を漏らしたときだけ、家族が優しくしてくれた。嫉妬や罰を受けずに済んだ。なんて経験があると自分に注目を集めたり、嫉妬や罰から逃れる手段として、無意識に悲劇の主人公を演じます。

そこで、不平不満を言ってきたら、「そうなんですね」とサラッと流して話題を変えたり、「何か手伝えることがあったら声をかけて」と席を立つのもひとつ。その手が通用しないことをわかってもらうんです。

反対に相手が文句を言わずに前向きに行動したときは、「ありがとう!」「がんばってるね」と感謝を伝えましょう。成功体験を増やしてあげれば、「私もやればできる」と思え、親に削られた自己肯定感や自信も高まり、自然に不平不満が減っていくはずです。

防災標語

受け身だと　不満溢れて　キリがない

防災
10
災害名

自慢話の花粉大散布

ことあるごとにマウンティングしてくる人

何か話すと「私は〜」と自分の話をしたり、質問するふりをして自分の知識や経験を話し出したりして、「あなたより優れている」とアピールしてきます。

「社内の自慢合戦に疲れちゃって……。『今週末も役員たちとゴルフだよ～』から『汗かいて、ほぼ、すっぴんなのにかわいいって言われちゃって』まで口を開けばそんな話ばっかで……ボクにマウンティングしてどうしたいの？　って」

「疲れるね……それ。私もカワウソ君にすぐに頼られちゃって、やになっちゃう（笑）」

「真似して、マウンティングしないでください！　ボクに威張ってどうするの？」

「ごめん（笑）。実はマウンティングは威張ってるようで、自信のない人がやること。しかも本能的な部分も関係してるんだよね」

分析　自慢・マウントは実はサバイバル術!?

「忙しくて、寝てなくって」「以前は大企業に勤めてて」「社会人になったら、これぐらいの時計はしなきゃ」「昔はやんちゃしてて」など、忙しい自慢に、人脈自慢、学歴やステータス自慢にモテ自慢から武勇伝まで隙があれば、自慢する人いますよね？

実はこのタイプは常に人間関係に上下関係を持ち込んじゃうんです。

だから、自分と比較して、**あなたが優れていると感じると、自分は認められないかもと焦り、自分の価値を証明しようと、無自覚に「私だってすごいんだから!」とマウンティ**

ングします。つまり、自信のない人なんです。

また、昔から人間は狩りでも軍隊でも階級が下であるほど、危険な仕事を少ない報酬でやらされてきました。そのため「人の上に立つ方が生き残れて安全だ」と感じる防衛本能は、誰でも持っているんです。

だから「君はダメだな～。ボクならすぐに契約を取ってくるのに」というマウンティングをしてくる人は、**誰かを自分より下と見下して、自分が底辺ではないと安心したいんです。**

それゆえ、自慢を聞かされる方は、無意識に「自分が劣っている」と感じて、なんだか嫌な気分になってしまうんです。

STEP 1 防災方法

相手は常に他人と自分を比べ、人間関係に勝ち負けを持ち込んできます。

だから「交渉がうまくいった」「上司にほめられた」など**相手の劣等感を刺激するような成功体験は話さないのが得策。**つまり、自慢話は厳禁です。マウントの対象になります。

何かうまくいったときでも「〇〇さんのおかげです」と相手を立てておくと、ライバル視されたり、危険視されるのを避けることができます。

意見を求めるときは、「○○さんはどう思いますか？」と聞かないようにしましょう。あなたと意見が異なると、負けまいと「知らないかもしれないけど、これは、○○式といって、有名企業で採用されているやり方だよ」と自慢を絡めた主張がくり広げられてしまうかも。

だから「成功させるためには、私たちはどうしたらいいでしょうか？」のように、なるべく**We（私たち）という一体感のある言葉を使うのが有効**です。

また、意見や提案を伝えるときは、「この分野に詳しい○○さんには釈迦に説法かと思いますが」「○○さんが以前言われた意見を参考にやってみたのですが」などを上手に使ってみてください。**相手を立てる枕詞が大切**です。相手が戦う必要を感じませんから、マウントが始まりません。

復興プラン

自慢話を愛想笑いで適当にしのいでいる人も多いと思います。さらに、一歩進めて相手を手のひらで転がしてみませんか？

何回も同じ自慢話をしてくる人には**「そのお話、何回聞いてもタメになります」と笑顔で言う**と、相手が「何度も言ってたっけ？」と気づいて自慢してこなくなる場合があります。そして基本的に自慢は相手がほめてほしい部分、肩もみなら凝っているところ凝ってるの、押して」と言っているのと同じです。そこを「さすがですね」「知りませんでした」「すばらしい」「センスいいですね」「そうなんですか！」など**「さ・し・す・せ・そ」でほめておくと相手は気分が良くなります。**自分を認めてくれる人をいつも探しているので、この時点で、あなたは相手にとって必要な人物に昇格します。すると頼みを聞いてくれたり、扱いやすくなるのでオススメです。

「それ、知っています」「それ自慢ですか？」と否定するのはNG。相手は人から認められることに必死なので、敵視され、かえってマウンティングされます。

または、自慢が始まったら、「ちょっと、聞いてあげて、○○さん、また高級ホテルに泊まったんだって！」と**周囲の人たちも巻き込んで、自分ひとりで聞かない作戦もあり。**大勢いれば、あなたがほかのことを考えていても、相手も気にしません。

「ほかの人を巻き込むのは気が引ける……」という場合は、自慢が始まったら「作業しながら聞いてもいいですか？」と言って**書類にバンバンと穴を開ける雑音の多い作業をするのもひとつ。**雑音の中では長話ができず、自慢を早々にやめてくれます。

防災標語

さしすせそ　ほめてかわすぞ　マウントを

自慢のシーソーの法則

自慢すると相手の心は離れ、相手をほめると相手の心が自分の方に転がってくる

イヤな気持ちにサヨナラ！

コラム 1

ストレスを溜めない心の防災方法

①折れない心をつくるリフレーミング

人生は出会う人も、起こる出来事も自由に選ぶことはできません。しかし、それらの出来事をどう捉えるかという視点は選ぶことができます。

心理学の「リフレーム」を使って、出来事に対する意味づけを変えることで、落ち込まなくなります。

A.できごと・体験	▶	B.認知・考え方・思い込み・価値観	▶	C.結果・感情等
A.自分のアイディアを上司に横取りされた	▶	B.上司は不正をしてはいけない	▶	C.腹が立つ・自分の立場の弱さを嘆く
		▼ B.上司に花を持たせた	▶	▼ C.落ち込まない
A.忙しいのに自分だけ次々と雑用を頼まれる	▶	B.仕事量は全員が公平であるべきだ	▶	C.イライラする
		▼ B.仕事はできる人に集まるものだ	▶	▼ C.落ち込まない

②モヤモヤを書き出して、すっきりするジャーナリング

会社であった嫌な出来事を家に帰っても思い出すことはありませんか？　でも、何かを考えないように努力すればするほどそのことが頭から離れなくなります。

そこで悩みや苦しい胸の内を紙などに書き出すことがオススメです。この方法は、ジャーナリングといい、書くことでストレスや不安が改善することが証明されています。モヤモヤした気持ちは紙に書き出してスッキリしましょう！

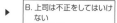

2章

ムカムカ災害

振り回されて疲れる災害

防災

11

災害名

意見の押し付け洪水

マイルールにこだわる頑固な人

何ごとにも自分のやり方や意見を押し付けてきて、融通が利きません。ムダなルールも多く、窮屈な職場になることも。

「ベテラン社員が仕事の細かいやり方まで『違う、これは、こうやって！』って自分のやり方を押し付けるんで、やりにくくてしょうがないんですよ」

「やりにくいですよね……。ベテラン社員さんは真面目な人なんですよね？」

「え!? ただの頑固じゃなくて？ だって周りに『スリッパが傷んでるから替えて』とか女性社員にも『ストッキングが濃すぎる』まで言ってるんですよ？」

「真面目さゆえ、何事もマイルールで管理したいんですよ」

分析 押し付けは真面目な人の暗黒面!?

仕事のやり方は人の数だけ存在します。でも中には自分の考えがベストと信じ、同じやり方を強制してくる人もいますよね？

幼い頃から、真面目・優等生タイプに多いんです。何かを完璧に成し遂げようと努力し、周りに認められる経験を積み重ねてきたので、自分のやり方が常に正しいと信じてるんです。

自分流のやり方で成功してきたんだから、ほかのやり方で失敗したくないと思っています。そのため**すべてのことをコントロールしないと安心できず、ほかの人にもやり方を押**

し付けるのです。

もしこんな人が上司なら細かくなんでも指摘されるので、窮屈で大変です。

めんどうなのが、このタイプは仕事ができる人も多いので、「自分の言う通りにやればうまくいく」と信じて疑わないこと。だからあなたから「やめてください」「自分でやれますよ」と言っても、素直に耳を傾けてくれません。

頭がカチカチな人には正面から抵抗せず、別の方法を試しましょう。

STEP 1 防災方法

相手はなんでも自分でコントロールしないと不安なため、「とにかく、何かする前に必ず私に相談してください」と、すべての仕事について自分を通して行うように仕向けてきます。

そこで**仕事を始める前に、役割分担と責任の範囲を明確に分けておきましょう。**「これはあなたの仕事ではないので、気にしなくていいですよ」と伝えるんです。すると相手は、真面目ゆえにルールを守ってあなたに干渉できなくなるはずです。

どうしても一緒に仕事をせざるを得ないときは、相手のルールが通用しない治外法権をつくり、拘束されない工夫が必要です。

たとえば、相手に相談するとめんどくさいことになりそうな案件を進めるとき。あえて相談せず、さらに上の上司や会社の許可を取り、「〇〇さんの指示で進めています」といった形で事後報告にすれば比較的、納得してくれます。

また、重要な案件は多数決で決定し、同じ部署のほかのメンバーから賛同を得られるように事前に根回ししましょう。相手の謎のマイルールではなく、社内のルールや決定事項に基づいて遂行できるように、先回りするのです。

良くも悪くも真面目なので、上層部で決まったルールは無視できないんです。

ちなみにこのタイプは、部下なら申し分のない人材です。

たとえば、エクセルの表計算やチェック作業など細かい作業が得意で仕事熱心、言われたことはきちんと遂行し、残業も厭わないので社内評価も高く優秀な社員のはず。

だからもしあなたに権限がある場合は、**マネジメントではなく、比較的狭い分野で精密さが必要な仕事を任せるのもひとつ**です。本人の持ち味も活かすことができるうえ、マイルールで窮屈な思いをする人もいなくなるでしょう。結果、職場全体を守ることにつながります。

STEP 2 復興プラン

もしマイルールの押し付けを避けられなかった場合の対応はデリケートです。**マイルールが崩れると、精神を安定させるため、今度は押し付けとは違う問題行動（敵視する、監視するなど）を行う可能性が高くなります。**

だからこれ以上悪化させないためにもまずは、ルールに従うか、バレないようにスルーするかの2通りで対処しましょう。

相手のルールでも問題ないものは、「いい考えですね！」と相手の意見を尊重すると、変に目をつけられたり、監視されずに済みます。

相手に気づかれず、目的を速やかに達成できるなら「はい、わかりました！」と言っておいて、こっそり自分のやり方でさっさと終わらせてしまうのもありです。「なるほど、そういう考え方もひとつですね」と軽くかわすのもいいでしょう。

やってはいけないのは、「相手のやり方にダメ出しする」こと。

「自分のやり方ばかり押し付けないでください！」「臨機応変にお願いします」など相手を感情的に批判すると、逆らう人として敵視されます。

このタイプはプライドが高いので、図星をつかれることに一番腹を立てます。だからどうしてもあなたのやり方を貫きたいときは「ありがとうございます。私はこのやり方の方がやりやすいので、こちらでやらせていただきます」と冷静に伝えましょう。それでも、相手は不安になって、監視したり、マイルールを強要してくる可能性が高いですが、険悪なムードは避けれるかもしれません。

防災標語

謎ルール　先回りして　無効化す

防災
12
災害名

細かい指摘の地割れ

重箱の隅をつついてくる人

自分のことは棚上げにして、どうでもいいことを指摘してきます。話の結論が出ているのに、自分の意見を付け加えてくることもあります。

「人の話の揚げ足取りに必死な人がいてモヤモヤします。この前、大学生アルバイトに『女の子たちは受付業務をお願いします』って言ったら、『大学生は子どもじゃないんで女の子じゃなくて、女性って言ってください』とか。確かに正論ではあるんですけど、『そこ今、大事？』って思うんです」

「確かに、その文脈で、そこ？　って思いますよね」

「そうなんですよ。会議資料も内容でなく、『てにをは』がおかしいとかの指摘で」

「本質＝幹の部分に意見が言えないから、枝葉の言葉尻を取る感じでしょうね」

分析 重箱の隅をつつく人の本音とは？

そもそも相手はどんなことを指摘してくるのでしょうか？

まずこのタイプは、「効率、効率って言いますが、顧客満足はどうでもいいんですか？」のような質問をして、話の本質からずれたところで、揚げ足を取ります。

会議中に「この資料に○○と記載がありますが、どういう意味ですか？」と質問してきて、「これは、こういう意図で」と説明しても、「それって、おかしいですよね」と否定されます。

間違ってないのに反論されるのは、わからないことを聞くためじゃなく、あなたを攻撃するための質問です。些細なことでも、大問題のように騒ぎたてることも。

そんな質問をされると、「面倒くさいな〜」「些細なことを大きくするなよ」と思いますよね？

でも相手を避けようとすると敏感に気づいて、もっとしつこく詮索されます。

こんなふうに考えてみると、相手はあなたに何か教えてほしいわけでも、改善してほしいわけでもないことがわかりますよね？

この行動の背景には、「こんなところに目をつける自分は凡人ではないでしょ？」と自分がほかの人より優れている、重要な人物であると証明したい承認欲求が隠れています。

物事をシンプルではなく、難しく、複雑に考え伝えた方が、賢く思われると考えています。だから、質問でも「○○によるとあなたのやってること間違ってませんか？」と専門用語を混ぜてきたりして、余計にめんどくさくなる人もいます。

でも、本当に優秀で自信がある人は、他人からどう見られるかより、わかりやすく伝えることに全力を注ぐんです。だから、本当に賢いわけではないので、答えられなくても気にしないでください。

相手の失敗や欠点を見つけて、それと比べて自分はすばらしい人間だと証明したいので、相手の粗探しには一生懸命で、自分のことは棚上げします。

自分が失敗すると「間違えちゃった！」など笑って誤魔化したり、「あ、すいません。すぐ直します！」と大したことないように振る舞いますが、ほかの人が間違えると「なんで、こんなミスするんですか？　困ります！」と責め立てます。

STEP 1 防災方法

「めんどくさい！」と感じるすべての発言があなたを下げて自分を持ち上げ、優秀で重要な人物だと見せかけるためなので、まともに受けて気にしないことが大切です。

先ほどお伝えしましたが、避けようとすると余計にしつこくなります。

自分を認めてほしいアピールをしてきているので、**時折、「なるほど、そんな視点もあるんですね。気づきませんでした」のようにほめておけばOK。**

また、**あなたに人事権があるなら、相手を「揚げ足を取ってる場合じゃない立場」にす**

ると、大人しくなります。たとえば、職場で新プロジェクトを立ち上げる場合。相手が揚げ足を取ってきたり、強い反対勢力になりそうなら、本人をプロジェクトリーダーに抜擢して、賛成派として動かざるを得ないようにするのです。

STEP 2 復興プラン

相手から何か指摘されても、「そんなこと気がつきませんでした。どうすればいいでしょうか」「実際にやってみていただけますか？」「わたしは苦手なので、お願いできますか？」と**腰を低くしてお願いすると、イキイキと引き受けてくれることもあります。**相手にスポットライトが当たるので、それで承認欲求が満足してくれる可能性が高いんです。

また、「効率さえ良ければ、何をしてもいいのですか？」と抽象度の高い言葉で質問をされて、対応に困ることも多いと思います。そんなときは**「抽象的なので、具体的にどんなことをイメージされてますか？」と質問に質問で返すと、相手は返答に困ります。**その場もシーンとして、窮地に立った自分に注目が集まるのが嫌で大人しくなるはずです。

「海の水は沸かせないが、ビーカーの水は沸かせる」という問題解決の考え方があります。

海の水を沸かせないように、漠然とした質問や問題に対して適切な解決策を出すのは、どんな人でも不可能なのです。たとえば「どうしたら幸せになれますか？」という質問は漠然としすぎていて、適切な解決方法の提案が難しいですよね？

「職場の人と上手に付き合うには？」と具体化した方が、コミュニケーション法を学ぶなどの適切な解決方法がわかります。

漠然とした問題を細切れにして具体化するほど解決に近づきます。哲学者のデカルトも「難問は分割せよ」と言っているのはこのためです。

だから、相手が漠然とした質問をしてきたら、「具体的には？」とビーカーの水程度に問題を小さくできなければ、解決策はありませんし、応える必要もないのです。

防災標語

メンバーに　入れて揚げ足　取らせるな

防災
13
災害名

現状維持の長雨

なんでもマニュアル通りにやろうとする人

非効率なことでもこれまでのやり方やルールを大切にしていて、何か変えようとすると抵抗されます。ちょっとした例外も認めず、融通が利きません。

「何週間も準備したプレゼンが、『前例がないから』ってだけで断られました……！　頭がカッチカチというか、堅実というか」

「石橋を叩きすぎて、壊してしまうタイプですかね？　変化を起こしたい人には窮屈な会社になっちゃいますね」

「そうなんですよ。何を提案してもムダかなって。変化なんか起こせませんよ」

「同じ内容でも伝え方を変えると反対されなくなるとしたらどうします？」

分析　内容の良し悪しは関係ない!?

「普通は」「うちの会社は」「これまでは」「前例がない」「こんな話、聞いたことがない」などなど、こんな言葉で反対されたことはありませんか？

会社では新しい提案を求められますが、一方でこれまでのやり方や常識、ルーチンにこだわり、ちょっとした変化や改革でも嫌がって反対する人もいます。

そんな相手に、「もっといい案なら通るはずだ」「この制度は廃止しよう」とトライしても、跳ね返され、骨折り損のくたびれもうけに終わります。

なぜならこのタイプは**内容の良し悪しではなく、「失敗したくない」「責任を回避したい」**

が判断基準だからです。

だから新しい企画は通さないし、意味のないルールも決まりだからと頑なに守ります。普段の言動を見ていると、なんとなくそのことがわかるかもしれません。

たとえば、自分がアイデアを出すと責任を問われる可能性があるので、他社で採用されているアイデアや、過去に実績があるものしか口にしません。そうしておけば失敗しても「データではうまくいくはずだった。失敗したのは、タイミングが悪かっただけ」など言い訳ができるからです。多数決で決まったことは反対意見をあまり言いません。

パターン化した作業は、新しく何かを考える必要もなく、ノウハウもあって効率的というメリットはあります。しかし、「現状維持は衰退なり」といわれるように、現状維持命の人たちは、会社の成長の邪魔になる「抵抗勢力」になりかねません。

だから抵抗を防げれば、あなたにも会社にもプラスになるはずです。

人には誰でも変化を避け現状を維持しようとする「現状維持バイアス」と呼ばれる心理作用があります。だから人は失敗を恐れて、慣れ親しんだものを選ぼうとするんです。このタイプは特に現状維持バイアスが強いので変化を嫌います。

STEP 1 防災方法

責任を取りたくないから認めない。逆に言えば、責任回避できれば認めてくれるはずですよね？

それなら**相手に言い訳を用意してあげてください。**

たとえば新たな提案は、相手が価値を置いている重要人物や知名度のある人の発言、権威、有効なデータなどを提示してみましょう。

「競合他社でも、この取り組みで3割アップの成果を出しています」「社長のお墨付きです」と伝えるんです。

「データでは」「社長が言ったから」と言い訳ができるので、同じアイデアでも伝え方を変えるだけで、賛成してくれる可能性がUPします。

ルールを曲げてほしいときも同様です。「廃止案に一番乗り気なのは会長です」といった具合です。

もしあなたが会社の上層部なら、**抵抗勢力になる人に対する意識改革の取り組みが不足している可能性も考えてみてください。**

ある企業は、定期的な会議で会社の今後の方針を全社員に伝えたり、チャレンジ精神の育成に役立つ本を、朝礼時に1～2ページ全社員に持ち回りで朗読してもらっているそうです。こうして「意識改革」を促し、変革に対して社員から強く反発されなくなったといいます。

STEP 2 復興プラン

「意味あるの？」ということでも譲れる部分は譲って、相手に安心してもらうのもひとつです。

しかし、明らかに不必要かつめんどうなルールなら、**「なぜ、必要なのか？」と質問し、明確な回答がなければ、思い切って変更をお願いしましょう。**

そして最終手段は、「私の責任で行いますので」「私の一存で決めたことで、知らなかったことにしてください」の一言で、相手の責任回避したい欲求を満たすこと。「新企画を通したい」というときも、「このルールを曲げてほしい」というときも有効です。

ある企業の営業マンが提出した交通費計算書に対して、経理担当者から「この路線を使った方が10円安いので、次回からこのルートで利用してください」と言われました。そこで営業マンは「乗り換えの待ち時間が長く、時間のロスが大きいため、今回の路線でお願いしたい」と伝えると「最安値の交通費が社内のルールです」と却下されてしまいました。でもそこで納得せずに、「しかし、疲れているのに待ち時間が長いのは非効率です。10円自腹で損してもいいので、今回の路線を私は使わせてもらいます」と自己責任だと説明したところ、最終的にOKをもらったという事例がありました。

また、気づかれないように変えていくという方法もあります。現状維持バイアスが強い人ほど大きな変化を起こそうとすると強く反発します。だから**少しずつ変化させ、ストレスを軽減してあげるんです。**

たとえば会社の前をゴミ拾いする運動を導入したい場合、いきなり毎日行うのではなく、月1回→週1回→毎日と徐々に増やしていくと抵抗が少なく、いつの間にか毎日やるのが当たり前と感じてもらえます。ポイントは少しずつ変化させることです。

防災標語

保守派には　権威で挑め　改革派

防災
14
災害名

マイクロマネジメントの濃霧

仕事のやり方に過干渉してくる人

どんな仕事をしているのか、やり方や進捗など常に監視してきて、頻繁な報告を求めてきます。長時間の説教や休日に連絡があることも。

「上司がなんでも『メールのCCに自分の名前を入れて』とか、電話を盗み聞きされて『あれ、なんのこと？』とか監視みたいなことしてくるし……。怖くて」

「怖いね。嫉妬深い恋人に束縛されてるみたいですね（笑）」

「『ボクのストーカー？』って思うときありますよ。平日休もうとするとムッとして『まぁ、なんかあれば連絡させてもらうけど』とか言ってくるし。チャット即レス強要だし」

「プレーヤーとしては一流かもしれないけど、管理者として未熟ですよね」

分析

不幸な職場をつくる最悪な手法

上司が部下の行動に干渉し、過度に管理することをマイクロマネジメントと呼びます。

メールのCCに自分の名前を入れるように強要。仕事の手順や進め方などで自分のやり方を押し付ける。電話のかけ方や話し方に細かく口を出し、細かいミスを執拗に追及。部下の行動を把握するために、頻繁に進捗状況を報告させる。

こんなことされたら、息が詰まりますよね？

この上司が厄介なのは、プレーヤーとしては一流の人が多いこと。

だから部下にも自分と同じ高いレベルを求めます。部下が作成した資料も「フォーマッ

ト が気に入らない」「これは円グラフでなく、棒グラフだろ?」など細かく口を出します。自分では部下を教育するつもりでも、ミスの指摘ばかりで、ほめないので、部下はモチベーションが下がり、うんざりします。つまりプレーヤーとしては一流でも管理者として三流なんです。

原因は大きくはふたつ。「不安」と「自己顕示欲」です。

ひとつめの「不安」が強い場合は、「部下の失敗が自分の責任になる」と考え、すべてを管理し、安心したいんです。

若手社員の姿が、要領の悪かった過去の自分の姿と重なるとさらにチェックが厳しくなります。これは、心理学では投影と呼ばれます。自分に似ていれば似ているほど口うるさくなっちゃうんです。

ふたつめの原因は自己顕示欲です。自分が管理者だと周りに知らしめたいんです。やり方を強要することで「自分のやり方で指導したから、成功した」と周りにも認めさせたいのです。

このタイプは、些細なことで自分の席に部下を呼び出します。心理学でも縄張り意識の強い人は自分の席に呼びつけ、そうでない人は相手の席に出向くとされています。

マイクロマネジメントは新入社員時代の短期間なら効果がありますが、長期的には部下の自主性やモチベーションを奪う監視行為になり、過剰に続けばハラスメントに発展し、離職の原因にもなりかねません。

心理学では、「批判する」「責める」「文句を言う」「ガミガミ言う」「脅す」「罰する」「褒美で釣る」は外的コントロールといいます。即効性があり、すぐに相手の行動を変化させられますが、怒られるという「恐れ」が動機なので長続きしません。

一方、内的コントロールは「傾聴する」「支援する」「励ます」「尊敬する」「信頼する」「受容する」「意見の違いを交渉する」ことです。この人のためにがんばろうという「安心」や「愛」が動機なので、モチベーション高く主体的に部下が行動します。

マイクロマネジメント上司がやっているのは、外的コントロールなので、部下が恐れを抱き、人間関係を破壊し、離職者を生む悪手なのです。

防災方法

不安型の上司は何を不安に思っているのでしょうか？

納期・コスト・仕事の完成度・部下が自分に迷惑をかけることなど**上司の不安を推測し、**

自分から早めに報告・連絡・相談すると監視体制が弱まるはずです。

また、進捗状況などの報告のルールや権限も上司ではなく、**会議で多数決で決め社内のルールを利用することで、必要以上に管理されなくなります。**

自己顕示欲の強い上司には**「部長の指導のおかげです」とみんなの前でほめ、確実に仕事をこなせれば信頼され、監視されることが減ります。**

2タイプとも「この件はどうしますか？」と丸投げ質問にすると細かく指示されるので、「この件はA案またはB案で進めようと思いますが、どちらがよろしいでしょうか？」と**自分がやりやすい方法を選択制で提案する**のもひとつです。相手も自分の意思で選んだと思えば、納得し、満足すると思います。

研修やセミナーに参加してもらい、先ほど紹介した内的コントロールで部下に接することを学ばせるのも有効。

STEP 2 復興プラン

親切心からの行動の場合、「細かくチェックしていただいておりますが、どの点が気になるのかわからず、監視されているように感じるので、判断のポイントを教えていただけ

ますか？」など率直に伝えても受け入れてくれるはずです。

信頼されれば、仕事を任せてもらえる範囲も増えるので、普段からコミュニケーションを取ることも大切です。

それでも、病的にあなたを管理しようとする場合は、人事などに相談し、部署替え、配置替えを依頼したり、指示系統を変更してもらいましょう。

監視解く　魔法の言葉　ホウ・レン・ソウ（報告・連絡・相談）

防災

15

災害名

ゴリ押しアドバイスの猛暑

お節介で恩着せがましい人

仕切りたがりで、頼んでいないのに仕事や生活のことまでアドバイスをしてきて、従わないと怒ります。口は出すのに手は貸してくれません。

「先輩が『その地味な服装ウケ悪いよ』とか『脅すわけじゃないけど、この仕事、もっと飲みニケーションしないと生き残れないよ』とかのアドバイスくれるんですよ。無視するわけにもいかないし、でも、正直、余計なお世話なんですよね……」

「無視しちゃいけないって思っちゃいますよね」

「そうなんですよ。親切心なのかな？　とも考えちゃって」

「なるほど、実は、『脅すわけじゃないけど』とかの求めてないアドバイスは、カワウソ君のためじゃなくて、自分のために言ってるだけだよ」

分析　あなたのためは自分のため？

求めてないのに「あなたのためを思って」とアドバイスをされたことはありませんか？

そんなときは「あなたのためを思って、私がわざわざ忠告するのだから、言う通りにしなさい」と翻訳が必要です。

こんなふうにあなたを支配しようとする人、ちょっと怖いですよね？

だから、言われると直感的に不快に感じるんです。

仕事で先輩にアドバイスを受けるのは大切。でも、求めていないのにアドバイスをしてきて、こちらが感謝や実践しないとムッとする人は要注意です。

その人は実は**「自分は価値がない」と深層心理で信じています。だから、無意識にアドバイスをすることで、誰かの役に立ち、自分の価値を証明したいんです。**それで、意見を受け入れてもらえないと、自分を否定されたと感じて、怒っちゃうんです。

本当に親切な人は、相談ごとでも思考の整理を手伝うように「どうしたい？」とコーチング的な質問をしたり、「もしよければ」と強制しない提案をするはずです。

ことわざの「人のハエを追うより己のハエを追え」は、他人に余計なお節介を焼くヒマがあったら、自分の問題を解決しろという意味です。同様に求めてないアドバイスをする人は、他人に干渉することで、無意識に自分の人生の問題から目を背けています。

だから、あなたを助けたいわけではなく、困っているあなたより自分の方が優れていると思いたいだけ。口先だけで、手を貸しません。

STEP 1 防災方法

アドバイスされやすいのは、ズバリ、あなたが困ったり、弱っているときです。雑談中、ちょっとでも弱音を吐こうものなら「前々から言おうと思ってたんだけど……落ち込む時間ムダじゃない？　君より大変な人はいっぱいいるよ」「みんなこれぐらい経験してるよ」とあなたの背景を理解せず、人格や経験を批判し、傷つけます。

下手に傷つかないためにも、困ったり、弱ってるそぶりは見せないことです。できるだけ、プライベートな情報を公開しないこと。

詮索されたら、どうでもいい情報を話すのがオススメ。

たとえば、「子どもが不登校で困っている」などの深刻な悩みに、上から目線のアドバイスをされるのはイヤですよね？　でも、「子どもが滑り台でズボンを破いた」という重要でない話に何か言われても気にならないですよね？

だから、当たり障りない会話をして、助言する隙を与えないのが得策です。

STEP 2 復興プラン

基本、相手本位のアドバイスはスルーでOK！　臨機応変にかわしましょう。

《水流ブロック——最後までアドバイスを聞いてしまった場合》

上司の助言など、遮れない場合は、「ありがとうございます。参考にします」「検討します」「なるほど、そういう考え方もあるんですね」と軽く流しましょう。相手の助言を否定していないので、地雷を踏まずに済みます。

《チェンジブロック——アドバイスが始まる前に阻止する場合》

「そう言えば○○さんは、例の件、どうなったんですか？」と相手が興味のある話題に切り替えてしまえば、あなたの話をせずに済みます。さらに、相手に関心を払っているから、相手は承認欲求が満たされ、喜んで自分の話を始めるはずです。

《ダークオーラブロック——絶対に触れられたくない話題の場合》

「仕事ばっかりしてないで、早く結婚した方がいいよ」と、余計なお世話を焼かれたら、「親にも、早く結婚しろって言われて、つらいからこの話はしたくない……」と暗いオーラで伝え、相手の罪悪感を刺激して、ブロックしましょう。

《「はい……。でも……」ブロック——くり返されるくどいアドバイスを阻止する場合》

「若いんだから、積極的にいかなきゃ！」などの毎度うんざりなアドバイスには、「はい……。でも、試したけどダメでした……」と助言通り行動しても、失敗したと残念そうな顔で伝えましょう。心理学でも「はい……。でも……」という発言は、助言した人に無力感を与える効果があると言われています。だから、相手もだんだんアドバイスしなくなるはずです。

風邪を引いていないときに薬を飲んでも、効果がわからないですよね？

同様に、求めてないときにアドバイスされてもピンとこないものです。

禅の世界では「啐《そっ》啄《たく》同《どう》時《じ》」といって禅問答で師匠と弟子のタイミングが一致したときに悟りが得られるとされています。「啐」はヒナが孵化《ふか》するときに中から鳴くこと。「啄」は母鳥が外側から殻を突っつくことです。

もしヒナが鳴く前に母鳥が殻を突っつけば、ヒナは死にます。一方ヒナが鳴いても母鳥が気づかなければ、ヒナは殻を破れません。つまりタイミングが命なんです。

アドバイスも同じ。求めてないアドバイスは迷惑でしかありません。

防災標語

君のため　洗脳ワードと　心得よ

防災
16
災害名

完璧主義船の沈没

神経質で潔癖な人

几帳面を通り過ぎムリな目標の設定や厳しいルールで、自分も他人も疲弊させます。細かいチェックで業務を停滞させます。

「先輩が完璧主義で、コピーの枚数が少しでも多いと『余分にコピーしないで。経費なんだから』とか書類もハンコがちょっと斜めになってたらやり直しさせたり、余計な仕事増やすんです」

「70％ぐらいでOKなところを100％求めるのは時間のムダですよね」

「そうなんですよ。小姑みたいで……。『～でなければならない』っていうこだわりが強くて、まいっちゃいます」

分析 職場を腐らせる完璧主義

完璧主義の人は、子どもの頃から「しっかりやりなさい」「きちんとしなさい」などと言われて育てられ、完璧はいいことだ。完璧でなければ人から認められないと無意識に信じるようになります。日本人に結構多いんです。

ある完璧主義の人は子どもの頃、母の日に喜んでもらおうと手紙を書きました。でも、「お母さん、おりがとう」と書き間違えてしまったのです。すると母から「おりがとうじゃなくて、ありがとうよ」と叱られて喜んでもらえなかったといいます。それで「完璧でなければ、愛されないんだ」と信じ込んで、完璧主義になっちゃったんです。

1章 ピリピリ災害
2章 ムカムカ災害
3章 イライラ災害

完璧主義は3タイプに分かれるという研究もあります。

①自己志向型

自分に厳しく、仕事や人間関係に求める水準が高いのが特徴です。責任感が強く、努力家で自分を追い込みます。「失敗するのではないか……」という不安が大きく、失敗したときは自分を責めます。

②他者志向型

自分に甘く他人に厳しく、自己中心的。相手に高い基準を求め、マイルールを押し付け、非常に批判的で、トラブルに発展しやすいタイプです。

③社会規定型

他者から認められる完璧な自分を目指します。時々、自己否定的で、ネガティブな感情を抱きやすく、自虐的なジョークを飛ばし、劣等感に苛まれます。

①自己志向型はストレスを抱えますが、自己成長につながるいい面があります。問題になるのは**②他者志向型**と**③社会規定型**です。

②他者志向型は他人に対して完璧主義を発動し、マイルールで高い基準を押し付けます。

しかし、完璧な人間などいないので、相手の欠点やミスをすぐに発見し、攻撃するので嫌われます。他人を信用できず、自分でやらなければ気が済みません。失敗したら、相手の間違いを指摘し、自分の正当化を図ろうとします。

③社会規定型は他人から認めてもらおうと、高すぎる目標を掲げていることに気づかないことも多いのです。年齢が上がれば上がるほど、体力や集中力は落ちてくるので、自分の理想を追求したり、他人の要望に応えることが難しくなります。

さらに、他者評価や失敗に過敏で不安が強いこともあり、うつ病などの病気のリスクが高まると言われています。

STEP 1 防災方法

②他者志向型が「やらされている」「指示されただけ」と他責思考になるのは、自分に状況をコントロールできない、選択権がないと思っていることが原因です。だからまず、仕事に取りかかる前に「あなたは、どのようにやりたい？」「どう進めましょうか？」など相手に選択させせましょう。不満が減る可能性が高まります。

また、失敗したときは責めるのではなく「あなたを責めてるわけではなく、問題の解決策を一緒に探したいだけ」と言って、一緒に解決策を探ると保身から攻撃されることが減るはずです。

③社会規定型は目標に向かううえで、自分の成長より他者評価に目が行きがちです。「自分はどれぐらい成長したと思う？」「すばらしい出来ですね。自己採点するなら何点ですか？」など評価の物差しを本人に戻す質問をしてあげるのも有効です。

また、目標が高すぎると、先延ばしや、挑戦を初めからあきらめる可能性があるので、計画段階で「これは、工場の生産に少し出遅れが生じると納期に間に合わないので、一週間ぐらい余裕を持った日程計画を」など無理がないか確認することも大切です。

エジソンは白熱灯を発明する際、記者から「もう1000回も失敗しているそうですが、本当に実験は成功するのですか？」と質問を受け、「私は、失敗したことはない。1000通りのうまくいかない方法が見つかっただけだ」と言いました。

心理学でも、「失敗はない、フィードバックがあるだけ」と考え、極度に落ち込むことを防ぐことがあります。そうした考え方を研修や個別面談などで学ぶことも大切です。

STEP 2 復興プラン

②他者志向型は「自分はこんなに努力しているのに、相手がミスをしたり、努力しないのは不公平だ」という思いが強く、相手を攻撃しがちです。普段の話し合いの中で、相手が失敗したら「この経験から学べたことは？」「この経験を次に活かすとしたら？」など失敗を責めたり、悔やんだりするのではなく、気づきにつながるフィードバックになる声がけをすることが大切です

③社会規定型のタイプががんばりすぎていたら、「ほどほどにしなよ」などと無理をさせず、相手を承認し、「もっと、完璧に」という本人の焦りを落ち着かせていくことが大切です。

「完璧を目指すより、まず終わらせろ」はMeta社（旧Facebook社）の創業者マーク・ザッカーバーグの言葉です。完璧を目指して、悩んだり、先送りにするより、まず終わらせることを目指した方が生産性が上がることを教えてあげるのも◎。

防災標語

仕事はね　完璧よりも　終わらせろ

防災

17

災害名

日和見主義ウイルス感染症

人によって態度を変える人

権力者には取り入り、立場が下の相手には横柄な態度をとるといったように、相手を見て接する態度を変えてきます。

「隣の部署のミンクちゃん、ボクにはニコニコして感じいいんですけど、パートさんには、無視とか舌打ち当たり前らしいんですよ」

「そうなんだ。人を見て態度を変える打算的なタイプなの？」

「全然そんなふうに見えなくて、ボクにはなんでも『はい！』ってやってくれるんですよ。今日、パートさんから相談されて、信じられない気持ちです」

「カワウソ君、女の人に騙されやすいタイプかもね……」

分析 計算高いようで一番損する八方美人

人によって態度が変わる人っていますよね？

男性の前では「やだ～」と甘えて女性の前では足を開いて座る人とか。上司にはゴマをすって部下はコキ使うとか。**ペコペコしたり媚びるのは、心の中で何かに従属することを強く望んでいるから**です。だから有力者や「この人だ！」と見込んだ相手に共感し、追随します。より権力のある相手に取り入り、庇護されることにエネルギーを使うんです。そんな人は仮に上司から理不尽なことを言われてストレスを感じても、決して言い返したり、反抗しません。

ただそんなことをしていて、ストレスが溜まらないはずはありませんよね？

そのはけ口として部下を無視したり、厳しく当たることも。つまり、**ペコペコすることで溜まったストレスを、自分より弱い立場の人にぶつけているんです。**

これを心理学では「置き換え」といいます。つまり八つ当たりです。

あなたに優しくても、飲食店の店員さんなどには横柄な態度をとる。会社ではいい顔をしているが、家では家族に当たり散らすなど、自分より弱い立場の人に自分のフラストレーションをぶつけます。だから八つ当たりの矛先がいつあなたに向かうかわからないので、注意が必要です。

人によって態度を変える人って感じ悪いですよね？

その不満を口に出してもいいことはありません。相手は基本的には小心者。自分に反抗したり、バカにしてくる相手には「自分はこんなに努力しているのに、ひどい態度をとるなんて」と被害者ポジションに入り、周りからの同情を集めます。めんどくさいので、気にしないのが一番です。

STEP 1

防災方法

あなたが、相手から見て上司や有力者なら、安全圏にいると言えます。相手はあなたの顔色を気にし、意見に追随してくれるでしょう。その場合は、相手がストレスを溜めないように「いつも、ありがとう」など相手に感謝を伝えることを忘れずに。

もしあなたが相手の部下や同僚の場合は、誰にも負けないような強みや専門分野を持っていると見下されません。

「そんなものないよ」という人も大丈夫。**心を開いてもらえれば従うとまではいかなくても、嫌な態度はとりません。**たとえば「部長も大変ですね」とねぎらいの一言を忘れないのがポイントです。

しかし、このタイプは、いつ敵に回るかわかりません。**人によって態度をコロコロ変えるので振り回されないように、一線を引いておきましょう。**

この人たちは、腸内でいう日和見菌です。腸内には悪玉菌と善玉菌、そして日和見菌が生息しています。一番数が多い、日和見菌は悪玉菌が増えれば悪玉菌に、善玉菌が増えれば善玉菌に傾きます。同様に、このタイプは、強いものに巻かれるので、今は良くしてくれても、あなたの立場が弱くなれば、手のひらを返したように冷たくなる可能性があります。だから、深入りは禁物。

あなたが「人によって態度を変えるのはよくない」という信念を持っている場合、相手の態度に腹が立ってしょうがなくなります。街でブランド物に目が行く人はブランド物が好きな人か、嫌いな人です。ブランド物に興味ない人はブランド物に気づくことさえありません。心理学ではこれを「焦点化」といい、自分が意識を向けているものが無意識に目に入ってしまいます。だから批判すればするほど、相手の行動が目についてしまうんです。それで、ストレスを溜めるのはもったいないので、割り切って、距離を置き、表面上の付き合いをしておけばOKです。（P200コラム3参照）

STEP 2 復興プラン

どこの世界でも、相手によって態度を変える人はいるものです。心理学でも過去と他人は変えられないと言われています。だから、気にしないのが一番です。

実は、オランダのライデン大学の心理実験で、「①誰に対しても親切」「②誰に対しても冷たい」「③人によって態度を変える」という3つの性格の好感度について調べた実験があります。結果、一番嫌われたのは「③人によって態度を変える」でした。

このように、**人によって態度を変えることをスライム効果といい、人から一番嫌われる行動だと証明されています。**

本人は人によって態度を変えることで、保身を図ろうと必死なのですが、実は一番印象を悪くし、自分の首を絞めています。こんなかわいそうな人のことは気にしなくて大丈夫です。

防災標語

人を見て　態度を変えて　嫌われる

防災

18

災害名

優柔不断の台風

意見・指示をコロコロ変える人

自分では判断することができず、結論を先延ばしにしたり、人の意見に影響されて決定をあとから覆してきます。

「コロコロ意見が変わる上司がいて……。『値引きは絶対するな』って言ってたのに別の日には『値引きしてでも契約してこい！』とか、え？ どっちなの？ って」

「振り回されて、困っちゃいますね？」

「会議でA案に決まって、チームで進めてたら、コンサルが『今はB案の方が売れる』って言うと、その意見鵜呑みにして、B案に変更。A案で進めてたボクらの苦労、なんもわかってなくて……。一からやり直し。もはや老害ですよ」

「なるほど。長いものに巻かれるタイプなんですね……」

分析

サービス精神が仇となる?

コロコロ変わる意見や指示に振り回されて、疲れちゃうことありませんか？

それが上司なら「自分で考えてやってみて」と言われたから、自分の判断で進めたのに「事前に、一言相談できないの？」って叱られるなんてことも。

意見がコロコロ変わる人は、人当たりがよく、いい人が多いのですが、八方美人で、誰にでもいい顔をして、自分では判断しません。「みんなはどうする？」が口グセです。

では、どうして、意見がコロコロ変わってしまうんでしょうか？

ひとつは「自信がないから」。自分の判断に自信がないから、ちょっとした問題にぶつかるたびに、考えを変えてしまうんです。

ふたつめは「いい人に見られたいから」。誰からもいい人に見られたい気持ちが強いと、他人からの影響を強く受けます。だから、相手に合わせて、意見を変えてしまうんです。

3つめは「責任をとりたくないから」です。「上からの指示だから」「みんなの要望を聞いて決定したんだよ」など自分の意見を挟まないことで、責任回避できます。ほかの人が言ったことをそのまま伝えるので、あなたへの指示などもその都度変わります。

だから、自分の考えより、他人の意見を判断材料にし、慎重で優柔不断になりがちです。

なぜそうなってしまうのでしょうか?

このタイプは心理学では「他人を喜ばせろ」のドライバーという、常に自分を殺して、相手を優先するクセを持っているのです。子どもの頃から、「人には親切にしなさい」「親孝行しなさい」などと言われて育つと、自分の欲求を抑えて相手の欲求を優先するようになります。

すると「相手が満足するかどうか」が一番気になり、でしゃばったり、目立つことはせず、「これでよろしいでしょうか?」と相手の機嫌をうかがうようになります。自分の意見を貫き通すより、周りに合わせた方がラクだと感じてしまうんです。

STEP 1 防災方法

あなたの行動に関わるような指示や会話の内容は、メモやメールに残しておくのがオススメです。指示が変わったら「前回はこのような指示でしたが」と伝えましょう。証拠を残して責任の所在を明確にすることで、相手も頻繁に指示を変えにくくなります。

優柔不断で、なかなか決断できない人には心理学のエリクソニアン・ダブルバインド（誤前提暗示）という交渉術を使ってみましょう！

この方法は、たとえば「この商品は宣伝しますか?」と聞いてもなかなか判断してもらえないとき、「この商品は新聞広告かネット広告、どちらで宣伝しますか?」と**たくさんあるはずの選択肢を限定して質問することで、こちらの意図している答えを導く**暗示です。

普段でも「デートしませんか?」と誘うより「イタリアンか中華どっちに行きたい?」と聞くと、行く・行かないの判断ではなく、行くのは前提で、どこに行くのかという話にすり替わります。すると「どちらかといえば、中華かな」とデートできる確率がUPします。

即決させるには、立ち話も有効です。アメリカ・ミズーリ大学の研究では、座っているときより、立っているときの方が決断が33％速くなったという結果が出ています。だから、すれ違ったときに「この件、どうします？」と立ち話で判断を仰ぐのもオススメです。

商談などは、決裁者が本人なのか、ほかの人なのか確認しておくことが大切です。決裁者が別にいると間に挟むことになり、伝言ゲームが始まります。そうすると振り回されてしまうので、「よろしければ、社長さまも同席いただき、ご説明させていただけますか？」など提案し、話が二転三転しない工夫を。本人が決裁者なら、先ほどのダブルバインド（誤前提暗示）で選択肢を絞って伝えましょう。

復興プラン

相手の意見や指示がコロコロ変わって戸惑ってしまうときはどうすればいいでしょうか？

ありがちなのは《Yes but 法》で、

上司「値引きしてでも、契約を取ってこい」

部下「はい（Yes）。でも（but）、以前は値引きしない方針でしたよね？」

と聞いてしまうと反感を買います。人は「しかし」「でも」「だけど」などのButの逆接の接続詞のあとは、自分が否定されることを無意識に知っているからです。すると「会社の方針なんだからしょうがないだろ！　もっと柔軟に対応してくれなきゃ困るよ」と冷たく言われかねません。

波風立てないように、ただ「わかりました」と我慢するのもストレス……。

そんなときは、**心理学の《Yes and 法》を使ってみましょう！**

部下「はい（Yes）。承知しました。そこで（and）、確認ですが、以前は値引きはしない方針でしたが、現在は値引きは可能になったということでしょうか？」

このように「はい」と受け入れて、「そして」「だから」「実は」「ですので」などのYes andの順接の接続詞で話すことで、相手に否定的な印象を与えません。だから方針が変わった理由を丁寧に教えてくれるはずです。

防災標語

立ち話　決断早める　裏技だ

防災
19
災害名

えこひいきゲリラ豪雨

気に入らない相手を排除しようとする人

自分の言いなりになる相手には親切ですが、敵には態度を一変させ、評価に差をつけたり、悪口を吹聴したりします。

「同期が『お前ばっかりえこひいきされていいな』『前に、お前と同じ提案をオレが上司にしたときは却下されたぞ』って。言われてみれば、ボクには上司は優しいかなと」

「カワウソ君、かわいがられ力高いんじゃない？」

「確かに、上司と地元が一緒なんで地元ネタで盛り上がるんですけど。同期は、あいさつだけで雑談なし。ボクは休むときも嫌味なんて言われないけど、同期は言われるらしくて」

「サラリーマンやるなら上司にひいきされないより、された方が居心地いいよね」

分析 判断基準は好き嫌い？

えこひいきの基準は好き嫌いです。このタイプは好き嫌いが激しく、一度にらまれたら最後。嫌いな人＝敵となり、関係修復は難しいでしょう。嫌いな人には評価に差をつけ、手を貸さず、ひどいときは徹底的に排除します。また、自分の派閥をつくり、イエスマンばかりをそばに置きたがります。

では好き嫌いの判断基準はどこにあるのでしょうか？

容姿や趣味、仕事の取り組み方など色々あると思いますが、一番大きいのは「自分の意見と同じか」です。**自分を慕って、頼ってくれる部下や同僚には優しい人間ですが、反抗**

的な部下や、言うことを聞かない相手は、自分を否定する敵とみなします。

また、自分より優れた部下も嫌いです。お山の大将でいたいので、あなたの前で、あなたより実力が劣る部下をこれみよがしにえこひいきする場合もあります。

自己肯定感が低く、自分を支持してくれる人を必要としています。そこで、自分を慕い、立ててくれる人＝好きな人になり、えこひいきし、支持を得ようとします。

だから、自分が採用した社員は「○○さんは、優秀でしょう?」と周りに言いふらします。それは、「○○さんを採用した自分は優秀でしょう?」と言うのと同じだから。もちろんほかの人が採用した社員はほめません。そんなことをしたら、自分ではなく、ほかの採用担当者が優秀だと認めることになるからです。

仕事では、好きな相手の提案なら「いい案だね」と賛成し、嫌っている相手なら「ちょっと、再現性に欠けるのでは?」とケチをつけます。内容が優れているかどうかではなく、提案者が誰なのかが判断の決め手になるのです。

STEP 1 防災方法

一度相手に嫌われて、敵だと認識されるとやっかいなので、そもそも嫌われないことが一番の回避方法です。

普段からストレスにならない範囲で、「それはいいですね！」など相手を認めてます、同じ意見ですアピールをしておくと敵判定されません。一見、白々しいほめ言葉でも自己肯定感が低い人は喜び、反対に自己肯定感が高い人はお世辞を喜びません。

また、あえて相手の懐に入るという選択肢もありです。**相手がひいきしているのはどんな人なのか分析し、自分もその要素を取り入れるのもオススメ**です。ひいきされることは安全で、メリットもあります。

Appleの創業者スティーブ・ジョブズも敵・味方の意識が強いことで有名でした。長年一緒に会社を経営してきた相手でも、気に入らなければ次の日から、その相手の社員証では会社に入れないようにして締め出すほどの徹底ぶり。

しかし、ジョブズと仕事をしたいというエンジニアはあとを絶ちませんでした。その理由のひとつは、彼に逆らわず、傘下に入ってしまえば、あらゆる敵をジョブズが排除してくれ、自分はクリエイティブな仕事に集中できるからです。そんなふうに割り切ることができるなら、相手の懐に入りこむのが賢い選択です。

「それはムリ！」という場合は、ひいきされている相手と仲良くすると同じ派閥だと認識されやすくなります。

しかし、少しでも、異を唱えると態度が一変する相手に、無理に取り入るのもストレスになりますよね？

だから、「君子、危うきに近寄らず」で一線を引いて関わらないようにすると、ストレスにならずに済みます。（※P200コラム3参照）

STEP 2 復興プラン

最初は親切でも、気に入らなければ「あなたにはがっかり」とそっぽを向きます。

一度にらまれたら最後、あなたが出世し、相手よりも優位な立場にたつか、強い後ろ盾や味方をつける以外、見下し、悪い噂を広め、仕事でも足を引っ張り続けられます。

トラブルが起きないように、とにかく距離を置きましょう。

それでも、なんとかしたい場合、相手がひいきしている人にお願いするのもひとつです。

「私は部長から目をつけられてるみたいで困ってて、〇〇さんは部長と仲が良いから助けてほしい。うまくつないでくれる？」とお願いしてみましょう。運が良ければ「あの人、結構、いい人なんですよ」「あの子、パソコン得意で助かってます」などいい評判を伝えてくれるので、相手も見方を少しは変えてくれるかも。

また、相手が、頼りにされたいタイプなら「実は、ご相談があるのですが……。こんなことで困ってて」と相談を持ちかけ、**弱い部分を見せることで、徐々に相手の懐に入ることができるかもしれません。**人には心理学でアンダードッグ効果（負け犬効果）と呼ばれる、劣勢・不利な立場にいる人に同情し、応援したくなる心理があるからです。このように人は完璧さではなく、弱みで愛されるものなのです。

そして心理学では「私はすべての人と仲良くしなければならない」というのは非合理な信念と呼ばれ、自分を追い詰めます。だって不可能だから。嫌われたら「私を選ばないなんて、見る目がナシ」とか「神様が私に付き合わなくていい相手を知らせてくれた」と思って開き直りましょう。嫌いな相手への一番の復讐はクヨクヨ悩まず、「あなたが幸せになる」ことです。

防災標語

えこひいき　にらまれるのは　デキるヤツ

防災

20

災害名

言った言わないの液状化

話が噛み合わない人

伝えたはずなのに「聞いていない」と言われたり、聞いてないのに「言ったよね」と話にくい違いが起きます。話を自分の解釈で理解するため、歪められてしまうこともあります。

「言ったのにやってくれない人がいたり。反対に上司に『この資料つくってくれって言っただろう？』とか言われて『え！　そんなこと聞いてない』ってときもあって。なんか言った言わない問題ってすぐ勃発しますよね？」

「そうです！　私たちが普段してる会話って基本、ミスコミュニケーションなんです」

「え！　基本すれ違い？　誤解ばかりってことですか？」

「正解！　だから、間違ってる前提で話さないとトラブルのもとです」

分析 会話はすべてミスコミュニケーションでできている!?

言った言わない問題ってよく起こりますよね？　実は言葉を使って話をする以上、それは避けて通れないんです。「ハンバーグ定食っておいしいですよね？」と質問して「はい」と答えたとして、あなたはどんなハンバーグ定食を想像しましたか？

たとえば、お肉は牛肉？　豚肉？　ソースは、和風？　デミグラス？　付け合わせはニンジン？　コーン？　お皿は鉄板？　それとも陶器？

こんなふうにお互い、頭の中ではまったく別のハンバーグ定食をイメージしながら、「ハンバーグ定食はおいしいよね！」とわかり合えたような会話をしているんです。つまり、私たちは常にミスコミュニケーションしているんです。だって、体験を事細かく言葉にするなんて時間がいくらあっても足りませんから。体験を言葉にするとき、脳では**①一般化②歪曲③省略**が起きます。言葉は事実の一部を切り取ったものなんです。

①一般化…例外を考えず、一部の出来事をすべてと考えること。「みんなやってる」「いつも失敗する」などの決めつけがそれです。「みんなって誰？」って聞くとひとりふたりなのに例外なく、全員がやってるみたいに話しちゃうんです。

②歪曲…話の内容を簡略化するときに意味や真意が歪められることです。「最近の若者は元気がない」「仕事中に笑うなんて不真面目だ」など根拠が不明な場合です。仕事中に笑顔がある職場の方が、失敗しても凹まないチームが育つという研究結果もあるのに……。

③省略…会話では、自分の関心がある部分だけを言葉にしてほかは削除・省略します。たとえば「この商品は高い」の比較の対象や「あいつは努力が足りない」の判断基準が省略されることも多いんです。

だから、体験を言葉にするときに失われている情報を取り戻すコミュニケーションをしないとすれ違ったり、誤解ばかり生まれちゃうんです。

STEP 1
防災方法

話を聞くときは「相手が一番言いたいことは何か?」を意識して聞いてください。カウンセリングではこれを主訴といいます。人は悩みや困りごとがあっても、漠然としていたり、頭で整理されておらずうまく言葉にできないことも多いのです。普段の会話も同様。だから相手の気持ちが上手に汲めるように、いつも「この人は何を一番伝えたいんだろう?」と頭にアンテナを立てることが会話のすれ違いを防ぐ一歩です。さらに**誤解を避けるためには事実言葉と意見言葉を分ける**ことです。

事実言葉…客観的で、いつ、どこで、誰が見ても同じ表現。(1mの高さの棚)
意見言葉…主観的で、見る人によって表現が異なるもの。(大きい棚)

部下が上司に「あの人、いつもサボってるから注意してください!」と訴えてきた場合。これは、意見です。「いつも」は一般化。「サボる」は細かい情報が削除されていますし、批判的な判断による歪曲かもしれません。だから意見言葉は事実言葉に翻訳が必要です。「いつもっていつ?」「サボるって具体的にはどんなふうに?」とより具体的な情報を取り戻す質問を心理学ではメタモデルの質問といいます。

その結果「1時間に1回、タバコを吸いにいく」という真実が浮かび上がったとします。

この事実をサボっていると判断するか、その程度の休憩はOKとするかは会社によって判断基準が違いますよね？　こんなふうに、**曖昧な言葉を具体的にするだけでも誤解やすれ違いを防ぐことができます。**

さらに具体と抽象について理解しておく必要があります。

具体…①目に見える②万人が理解できる③解釈の自由度が低い④応用が利かない⑤やり方⑥「どうやって」と実現手段を問うこと

抽象…①目に見えない②一部の人しか理解できない③解釈の自由度が高い④応用可能⑤考え方⑥「なぜ」と理由や目的を問うこと

猫を具体化するとペルシャ猫、三毛猫になります。野球、サッカー、テニスを抽象化するとスポーツです。簡単に言えば、具体化はひとつひとつ別物にすること。抽象化はまとめてひとつにすることです。

「掃除して」は抽象的です。この指示でできる人もいれば、「掃除機をかけて、机を雑巾がけして、窓開けて空気入れ替えて」と具体的に言わないとできない人もいます。

相手が具体的に言わないと想像できないタイプなのか、細かい指示を出すと窮屈に感じる察しのいいタイプなのかによって、指示の仕方を変えましょう。仕事に慣れていない新人には具体的に詳しく、経験豊富な人にはざっくりとした抽象的な指示など使い分けましょう。

「あれ、やっといて」というようなこれ、それ、あれ、どれなどの**「こそあど言葉」は誤解のもとなので、しっかり、具体的な言葉にして伝える**ことも大切です。

報告・連絡・相談は復唱し、曖昧な点はその場で確認しましょう。

STEP 2 復興プラン

上司に「コスト削減の表を1枚目にして書類を直して」と指示されて修正したら、今度は「商品の写真を1枚目にして」とか指示がコロコロ変わって「さっき、言ったことと違う！」と腹が立つかもしれません。でもこれを抽象化すると上司は「お客様の興味を惹く書類を作成したい」という判断基準にブレはなく、より良いものをつくろうとしているだけという場合もあります。この場合、事前に「何のためにやるのか？」という基準や軸を確認すれば相手の意向にそった書類作成ができ、すれ違いを防げます。

防災標語

すれ違い、会話はすべて、そうなのよ

1章 ビリビリ災害
2章 ムカムカ災害
3章 イライラ災害

コラム 2

言いにくいことを言う技術

相手を傷つけず、しっかり主張する アサーティブコミュニケーション

やり返すのも我慢もよくない

①感情的になる
攻撃的になる〜
ハラスメントに発展
→人間関係を壊す
嫌な目に遭う
②我慢する
ストレスが溜まる〜
うつや適応障害に発展
→健康を壊す

健全なコミュニケーションのためには、アサーティブな表現が大切！

アサーティブとは、自分も相手も尊重した自己表現です。自分の要求や意見を、相手の権利を侵害することなく、誠実に、率直に、対等に表現することを意味します。そして、相手が同じように発言することを奨励します。

I メッセージで伝える

YOU メッセージではなく、I メッセージで伝えるとアサーティブな表現になります。

<YOU メッセージ>

「（あなた）もっと早く言ってよ！」

→相手を否定するニュアンスが強くなります

<I メッセージ>

「早めに言ってくれると私も助かるわ」

→押し付けがましくなく、自己主張ができます

3章

イライラ災害

ちょっとめんどくさいあるある災害

防災
21
災害名

うっかりミスがけ崩れ

注意力が散漫な人

人の話をよく聞かず早合点します。簡単な仕事でもミスをすることが多く、何度注意をしてもくり返します。

「最近できた後輩、ミスが多くてハラハラするんです。嫌な先輩に目をつけられなければいいけど。教えてもなかなかうまくいかなくって」

「大変ですね。本人は、悪気があるわけでも、やる気がないわけでもないと思いますよ」

「集中力がなかったり、忘れっぽいのは仕方ないということですか？」

「マルチタスクに追われて、脳の負担が大きすぎることが原因ではないでしょうか？」

分析 脳の限界を知ればミスはなくなる！

人の脳は、そもそもマルチタスクが得意ではありません。同時にいくつもタスクをこなしているようでも、実際はタスクごとにスイッチを切り替えているだけなんです。だから**マルチタスクが続くと脳に大きな負担をかけます。結果、集中力が途切れやすくなるため、ミスが増えます。**

書類の整理をしているときに、メールのチェックをしたり、電話が来たり、同僚と話したりすると、結局書類のことはすっかり忘れて、出しっぱなしのやりっぱなしで終わる……なんて経験はないでしょうか？

予定していた約束を忘れてしまう場合も、約束を軽視していたわけではなく、優先順位をつけるのが苦手なうえに、「あれも、これも」とマルチタスクに追われ、ひとつのことに集中できないのが原因です。

どんな人やどんな職場でも、ケアレスミスをゼロにすることは不可能です。ましてや、「気をつけて」「注意して」など人間の注意力を信じることは、とても危険です。人の集中力は15分程度しかもたないからです。

だから「何が脳に負担なのか」を知って対処していきましょう。

STEP 1 防災方法

しゃべり声、怒鳴り声、切れかけの照明、冷暖房、机の上の散らかり具合などなど……職場の環境は、ちょっとしたことでも思ったより脳に負担をかけます。

こういった**環境を整え、指示やお願いの仕方を工夫して脳の負担を減らしてあげましょう。**

たとえば、**一度にするお願いごとはひとつに絞る**こと。脳のスイッチを切り替える必要がなくなるので、仕事に集中しやすくなります。

そして作業を始める前には「どんなふうに進めようと思ってる?」と確認を忘れないよ

うに。**手順と見通しが明るいことが、脳をやる気にする条件のひとつ**です。特にやったことがない仕事、久しぶりに行う作業などは見通しが明るくないとそもそもやる気が出ません。

だから、**最初に仕事の進め方についてシミュレーションしてもらう質問が効果的**なんです。見切り発車しないことが集中力を保ちミスを防ぐコツです。

その仕事が重要事項なら、複数人でチェックする仕組みがあると安心ですね。あまりにもミスが多く忘れがちな人は、タイマーやメールでリマインダー設定したり、チェックリストをつくるのも有効です。

また､脳はプライベートの状況にも影響を受けます。残業続きで家庭で休むヒマがない、事故、病気、家族との死別、離婚などショックなできごとや、悩みがあるときもミスは増えます。

その場合、負担のない業務を任せたり、分担を減らすなどの配慮も大切です。

STEP 2 復興プラン

ミスの再発を防止するためには、否定語を使わない声かけが大切です。脳は「〜してはいけない」という否定語を理解できません。

「書類提出を忘れない」「遅刻しないように」と否定語で表現すると、相手の頭の中では過去に書類提出を忘れたり、遅刻したときの映像が浮かびます。

そして、脳はイメージを実現しようとします。だから否定語の注意は忘れたり、遅刻するなど失敗するためのシミュレーションをしているようなものです。

だから**避けたいイメージではなく、望むイメージを伝えることがポイント**です。「月末には書類を提出する」「5分前集合を徹底しよう」など肯定語で声かけをすることで、やるべきことを達成しやすくなります(大切なことは、最低3回はくり返し伝えましょう!)。

ミスが起こったら「なんで何度もミスするんだ!」と過去型の問題志向質問をしても、起こってしまったことはもう変えることができません。だから相手は身を守ろうとして言い訳や言い逃れをしてしまいます。

それよりも、「どうすれば、うまく達成できるだろう?」と未来型の解決志向質問で、再発防止策を考えてもらう方が、自発的に気をつけようと思えます。

問題志向過去型の質問	解決志向未来型の質問
・どうしてできないの？ ・どれくらいできてないの？ ・本当にやりたいと思ってる？ ・できないことで失ってるものは？	・今どのぐらいまでできてる？ ・できるようになるために試したいことは？ ・何があれば前進するかな？ ・できるようになるとどんなメリットがある？
できそうにないと感じる	やってみようと思える

防災標語

注意より　仕組みで直す　ミスの山

防災

22

災害名

長話の交通渋滞

ダラダラと話が長い人

思いつきで話すので支離滅裂で、結局何を言いたいのかわからない。話が終わったと思ってもまたループすることもあります。

「話の長いお客さんに捕まると大変なんですよね。次のアポがあるから帰りたいけど、途中で話を遮ってはいけないような気がして」
「お客様は特に気を使いますよね。ってあれ、話途中だけど、どこ行くの？」
「電話来ちゃって。教官には、気を使わないから、失礼します！」
「おぃ！💢 少しは気を使えよ！」

分析

話の長さは不安に比例する？

なぜ話が長くなってしまうんでしょうか？

いくつか理由があります。

〈不安型〉…このタイプは不安から話が長くなります。母親に「今日は夕飯いる？」と聞かれたとき、家族だから「いらない」と結論から、完結に伝えられます。でも、相手が上司なら「昨日の商談どうだった？」と聞かれると「実は、先方が3月決算ということで……」と結論ではなく、理由から話すことも。「何か言われたらどうしよう」と不安にかられるからです。

〈お悩み型〉…このタイプは自分の悩みで精一杯なので話し続けます。グラスに満タンに水が入っていると新たに注げないように、心が不安いっぱいだと、他人の話が耳に入ってこないんです。

〈沈黙恐怖型〉…このタイプは沈黙を避けるために、ダラダラと話します。

〈関心型〉…このタイプは相手の関心を引きたい人です。人は無意識に時間＝愛情だと感じます。長々と話に付き合ってくれる＝自分に関心があると感じて、長話をしてしまいます。

STEP 1 防災方法

〈不安型〉〈関心型〉は共感された感がないと、何度も同じ話がループします。だから、相手の**喜怒哀楽のキーワードやくり返し出てくる重要なキーワードは話が長くなる前にオウム返ししましょう。**相手の気持ちや、重要点を理解している合図になります。

「残業が続いてて、疲れちゃって」と言われたら、「お疲れなんですね。大丈夫ですか？」という感じです。ここで、「残業は何時まで？」と気持ちではなく、事柄の質問をすると「22時まで。結局、終電。嫌になっちゃったよ」と話が長くなります。「疲れた」「嫌になる」というキーワードをオウム返しすれば、相手は、共感され、気分が良くなるので、話も短くて済みます。

また、〈沈黙恐怖型〉は、笑顔で「それは、〇〇ってことですか？」と話を要約し、話を短く終わらせたいところです。必要なら「ところで〇〇は？」など**質問してあなたが話の主導権を握って、簡潔に終わらせましょう。**

どのタイプでも相手が部下なら、「まず、結論→理由の順で話してほしいから、枕詞を結論から申し上げますとかから話してもらえる？」などと**結論を枕詞にするように指導するのも**ＯＫ。

また、わかりやすく伝えるためのフレームワークであるＰＲＥＰ法（Point：結論→Reason：理由→Example：具体例→Point：結論）をマスターしてもらうのもオススメです。これは会話の順番です。

例「**結論：**技術部長、Ａ社との商談に同行をお願いしたいのですが。**理由：**理由としまして、先方のエンジニアの方が同席されるので、製品の構造についての質問がありそうなんです。**具体例：**その際に技術部長がいてくだされば、疑問をその場で解決でき、契約成立できそうなので。**結論：**Ａ社との商談同行の件、ご検討いただけますか？」

と、型を覚えて話させれば手短に話が終わります。「ＰＲＥＰ法を使って話してみよう！」

とくり返し練習させるのが有効です。慣れると、もう、その型でしか話せなくなる人もいるほどです。

STEP 2 復興プラン

上司やお客様の長話が始まったら、話の主導権を握ることが効果的。

相手の話が一旦、終わったときに「では、本日は○○ということで。次回資料をお持ちするということでよろしいでしょうか？」と**話をまとめると、切り上げやすくなります。**

また相手に「○○さん、お時間大丈夫ですか？」と質問し「長くお時間を頂戴してしまい、申し訳ございません。では、後日ご報告させていただきます」と**相手を気遣うことで、切り上げる**のもＯＫ。自分の都合ではなく、相手への気遣いで行うことがポイント。

話を切り上げるために、「時間ないので」「次があるので、失礼します」と言うと、「あまり話したくないのかな」と冷たい印象を与えます。その場合は、「そのお話、もっと聞きたいのですが、これから外出の予定がありまして」「この件は、持ち帰り、じっくり社内で協議します」と伝えて切り上げましょう。

本当に忙しいときに「ちょっといいですか？」と言われた場合は、「10分後に出かける予定があって、それまでの間でもいいかな？」「このあと、予定があるため、○○時には退席しなくてはならないのですが、よろしいでしょうか？」など**タイムリミットを伝える**と話が長くなりません。別れ際に「ゆっくり聞けなくてごめんね」「次回、じっくりお話おうかがいします」などねぎらいの言葉を忘れなければ、相手も嫌な気持ちになることはないはずです。

少し高度なテクニックですが、**相手の話を早送りするのもひとつ**です。相手が次に話しそうな言葉や内容を予測して、自分が先に言っちゃうんです。

たとえば、相手「最近残業続いてて……」／あなた「3月の決算処理で？」／相手「そうなの。部長が出張だから……」／あなた「部長が留守だとハンコもらえないから書類溜まるしね」／相手「そうなのー！」という感じで、相手がダラダラと話しそうな内容を先に口にすることで、話のショートカットができます。しかも自然だから、相手を不快にしません。相手がよく話題にする話や性格、仕事内容がわかっていれば予測しやすいはずです。

防災標語

長話　話をまとめ　切り上げる

防災

23

災害名

誰かのチェック依存の塩害

依存的でいちいちなんでも聞いてくる人

簡単なことでも自分ひとりで決めることができず、確認や許可を求めてきます。サポートしてくれる人を常に求めます。

「後輩から、メールや書類も一言一句チェックを求められるし、『プレゼンの日は何を着て、何を言えばいいですか？』とかいちいち全部聞いてくるんです。仕事増えてる感じで疲れちゃって……。『ボクは君のお母さんじゃない！』と言いたくなります」

「お父さんってこともないですよね？（笑）」

「あるわけないでしょ！　冗談はやめてください！　見本を1〜3まで渡して、『好きなの選んでやってみて』って言っても、ボクの顔見上げて、全然、自分で決められないんです。ボクから助言とか許可とかたくさん出さないと進まないんです……」

「疲れますよね……。でも、突き放すともっとべったりされてめんどうになりますよ」

分析 なぜ、そんなに世話を焼いてほしがるのか？

このタイプは人当たりがよく、素直ですが、自分に自信がありません。自分には判断する能力がないと思い込み、常に助言や許可を与えてくれる人を求めています。

特に優しくて、めんどう見のいい人がターゲットになりやすいんです。

メールや提出書類は一言一句チェックを求め、常識で考えればわかることでも、いちいち確認してきます。ひとりで計画を立てて、実行することも難しいです。ここまでサポートを求められると、「ちょっとは自分で判断してよ」と重荷に感じますよね？

原因は子ども時代。

幼い頃から「あなたは何にもできないんだから」「私の言う通りにしていればいいの」「お前は黙ってろ！」と言われて育つと、自分の能力や判断に自信が持てません。

その結果、**ひとりで判断する経験が圧倒的に不足します。だから、誰かにOKをもらわないと不安で、あなたに服従することで、自分の世話を焼いてもらおうと必死になっちゃうんです。**

そして、あなたからのサポートを失うのが怖いので、嫌われまいと、「私もそう思う」と決して反対意見は口にしません。「見捨てられたらどうしよう」という不安があるため、嫌な仕事も率先して引き受けます。

そしてサポートしてくれる人に金魚のフンのようについて回り、単独行動を嫌います。

この状態を「頼りにされてうれしい」と感じますか？　それは要注意。共依存かもしれません。共依存とはアルコール依存症の彼に尽くす彼女のようにお互いの関係に過剰に依存し、自分自身の問題から目を背けている状態です。

できない部下と過保護な上司の関係も共依存です。上司は、部下を育てる立場です。しかしできない部下がそばにいると、自分が優秀だと感じられるため、無意識に部下に成長してほしくないと感じます。だから世話を焼く。部下は、成長が必要なのに、甘えてひとりでは何もできない状態になる。このように、過度に依存し合う関係は、健全ではありません。

STEP 1 防災方法

仕事に取りかかるときは、「100%じゃなくて、まず6割ぐらいの完成度で仕上げてみようか?」など**相手が負担を感じない程度に、できるところまで進める練習をしてもらいましょう。**

また、**1日3回くらいの声かけも忘れずに。**①朝は「今日はどんな予定?」と1日の予定を確認し、②昼は「どのくらい進んだ?」と進捗状況を確認、③夕方は「予定通り進んでる? 困ってることはない?」など振り返りを立ち話でいいので、声をかけます。すると本人も「見守ってもらえている」と安心して仕事を進めることができます。

小さな成功体験を積んで自信を持てるようにすることも大切です。だから**些細なことでも「丁寧にやってくれてありがとう」「助かった」など相手をほめましょう。**

また、**Googleの15分ルールを提案するのもひとつの手**です。わからないことやトラブルが起こったときは、①最初の15分は自分で調べるなど解決を試みる、②15分経っても解決しなかったら必ず人に聞く、というルールです。

①を守らないと他人の時間をムダにし、②を守らないと自分の時間をムダにすることを伝えましょう。また、ちょっとした不明点は15分ぐらい調べると解決することが大半だということも伝え、安心してもらいましょう。

毎日行うような定型業務については、一緒にチェックリストをつくり、見える化するのがオススメ。教えたり、教わる時間が減り、お互いに不安やストレスがなくなります。さらに、リスト化によって、誰が行っても手順やクオリティーにばらつきがなくなり効率的というメリットまであります。

先ほど紹介した共依存の関係は気づかないうちに、ふたりの間に誰も入れないような空気をつくり出します。そんな関係に陥らないよう、誰にでも聞きやすいオープンな雰囲気をつくることで、あなたひとりに質問が集中せず、ストレスを抱えるリスクも減らせます。

STEP 2 復興プラン

部下を育てることは子育てに似ています。子育て四訓では乳児は肌身離さず、幼児は手を離さず、少年は目を離さず、青年は心を離さずと親のスタンスを伝えています。

依存度の高い人はまだ少年のように目を離さず見守ることが必要なんです。だから自分の能力や判断に自信が持てず、大きな不安を抱えている相手に「まずはひとりでやってみて！」と突き放すのはNGです。**最初は「隣にいるから大丈夫。やってみて」と一緒にやったり、見守る姿勢を大切にしましょう。**

相手の不安感を和らげ、挑戦する勇気を持ってもらうことが自立への近道。やってみて失敗から学べと挫折経験を積ませる人材育成より、寄り添い心理的安全性を確保する方が、指導者も指導される側もストレスが少なく、助け合う組織ができます。

防災標語

もたれ合い 「まぜるな危険」 共依存

防災

24

災害名

無神経な言葉の暴風

デリカシーのないガサツな人

空気を読むことができず、余計な一言で場を凍らせたり、秘密にしてたことをバラされてしまうこともあります。

「同僚がデリカシーなくて、『お前、恋人できたのか？』とか『太った？』とかズケズケ聞いてくるんですよ」

「なるほど〜。思考ダダ漏れタイプですね」

「口も軽いから、この前、みんなの前で『こいつ、水虫だから』ってバラされて恥をかきましたよ。悪気はないと思うんですけど……」

「言われる身にもなってほしいですね（汗）」

分析

素直と無神経は紙一重？

このタイプは**悪気がなく、マイペースなのが特徴**です。

思ったことをすぐに口に出すため、「言われた人はどう思うか？」と考えず、すぐ行動に移します。人からどう見られるかも無頓着で、服装がだらしなかったり、マナーが身についていない人も。

空気を読むことも苦手なので、静かな場所で大声で話したり、恋愛や結婚などプライベートなことまで聞きたがります。秘密にしてほしいお金や学歴や病気のことまで、人前で平気で口にしてしまったり。下ネタもへっちゃらです。

でも悪気はないから、周りが「そんな失礼なこと言っちゃダメだよ」と注意しても「え、なんで？　失礼なことなんて言った？」とまったく気に留めません。

ほかの人の発言や態度にも無頓着なので、気を使わなくて済むといういい面もありますが……さすがに社外の人にデリカシーのない発言をされるとヒヤッとしますよね。

実は文化も関係します。関西では「アホか‼」は冗談の範囲でも、関東では失礼に当たったりします。

どちらにしても、本人に悪気はありません。

STEP 1 防災方法

デリカシーがない言動や行動をさせないためには、予防の「Iメッセージ」を使いましょう。相手にあなたの地雷を踏ませないため事前に「私」を主語にして雑談の中で教育するんです。たとえば「私、クチャクチャ音をたてて食べる人苦手なんだよね」「私、ぶっちゃけボーナスいくら？　とかお金のことを平気で聞いてくる人ってマナー違反だと思う」など相手がやりそうな不快なことを雑談の中に混ぜることで、できないように教育します。

事前に言われるとさすがに無神経な行動や発言は控えるはずです。（※P138コラム2参照）

デリカシーのない人は、悪気なく、思ったことを口にして、あなたを不快にします。だから、仕事の話のみで、プライベートな話はなるべくしない。「結婚はまだ？」とか聞かれても、「どうですかねぇ」とわからないふりをしてサッと切り上げちゃいましょう。

悩み相談は厳禁。「うちの親が借金があって……」なんて秘密を話そうものなら、次の日には社内中に知れ渡ってしまいます。

取引先など、社外の人にデリカシーのない発言は特にやめてほしいですよね？

大切な商談は「今日は、私が仕切りますから、黙っててくださいね」など最初にクギを刺しておきましょう。悪い人間ではないので、拗ねたりせず、「お、頼むね！」とわりと素直に聞いてくれます。

フランクで敬語が苦手なタイプも多いので、マナー研修で敬語を身につけてもらうのもオススメです。マナーの世界では、「敬語は喧嘩せず」と言われ、相手に敬意を払う習慣がつき、トラブル防止に役立ちます。

STEP 2 復興プラン

基本的に、相手のデリカシーのない振る舞いは、あくびなどの生理現象と同じで自分では、コントロール不能なんだと気にしないのが一番です。

本当にやめてほしいことは、「それ、傷つくから、本当にもう言わないで」など率直に伝えたり、**冗談っぽく「もう、それ失礼！」とツッコミを入れるのもＯＫ。**

それでも相手の無神経さに腹が立つかもしれません。

その場合、「自分も気を使わず、自然体で、言いたいことを言おう」とラクに構えましょう。「相手を不快にしてはいけない」という「〜してはならない」信念が強い人ほど、実は相手を裁き、ストレスを溜めやすいんです。

基本的に、何を食べようが本人の自由なように、どのように振る舞い、何を言うかは本人の自由なのです。カチンときたら、自分を縛る信念に気づくチャンス。そんなときは**自分が気がラクになる独り言を言ってみましょう。**「ジャマイカ人」になるのもオススメ。昔から楽天家が使う口グセです。イライラする怒りのもとの信念を感じたら「私だって、完璧な人間じゃないし。相手も悪気がない。じゃあ、ま、いっか？」と手放してしまうのです。ちょっと気がラクになりますよね？

心理学では、見たり聞いたりした情報がその後の行動に影響を与えることを、プライミング効果といいます。どこからかカレーのいい香りがしてきたので、その日のランチはカレーを食べたなんてことありませんか？

それもプライミング効果。

ニューヨーク大学の実験では「無礼」「困らせる」「邪魔する」などの単語を聞かされたグループは、「礼儀正しい」「尊敬する」「感謝する」などの単語を聞かされたグループに比べ、その後、人の会話を遮る人が多かったという結果も出ているほど。だから言葉を変えると行動も変わるんです。普段から気が楽になる言葉を選びましょう。

防災標語

太ったの？　悪気はないと　気にしない

防災

25

災害名

断れないダムの決壊

ノーが言えず、仕事を抱え込む人

嫌な顔をせず仕事を受けてくれますが、気づかないうちに限界を迎えてパンクしてしまいます。

「職場の後輩が『これも、お願い』って言われて、どんどん仕事を頼まれて、残業ばっかりなんですよ。断ると悪いかなと思って、断れないみたいなんですけど……」

「そっかー。その子ノーが言えない日本人代表なのかな？」

「古い！　でも、そうなんですよ。断らないから頼みやすくて、いい子なんですけどね。いいように使われていて、結構ストレス溜まってるみたいです」

分析

ひとりでがんばってしまう、ノーと言えない人たち

困った顔もしないでお願いごとを断らない人を見て、世話好きで気が利く人だと思うかもしれません。しかし、このタイプは自分を押し殺して、我慢して相手に尽くしている場合が多く、頼まれた仕事を断れず、押しつぶされそうになっています。

周りはそんなことに気づかず、あとで山積みになって滞っている仕事を見て、「できないなら、できないって言ってくれよ」とか「もっと早く、手伝ってと言えばいいのに」とため息をつくことも……。

しかし本人は、他人になかなか「ＳＯＳ」を出すことができません。

このタイプは、子どもの頃から、親子逆転が起きていて、親の介護をしたり、家事をし

たり、不機嫌な親の機嫌を取るなど、感情的なケアをすることまで求められてきた人が多いです。つまり、子どもらしく人に甘えることが許されなかった人です。だから大人になっても**助けを求める＝甘えと思ってSOSが出すことができないんです。**

子ども時代に子どもらしく生きることができず、「自分がしっかりしなくては」と自分を犠牲にしてきたので、「人の役に立たなきゃ、生きていてはいけない」という無意識の感覚があります。だから、**いつも自分より他人を優先します。**

また、子どもの頃から家族の不機嫌を敏感に感じ、無理に明るく振る舞うピエロを演じてきた人も多いです。だから、職場でも不機嫌な人を敏感に察知して「自分のせいで機嫌が悪いのでは」と不安になります。

相手が不機嫌にならないように、役に立とうと常に自分を奮い立たせるため、仕事を断ることができません。他人の失敗でも、「もっとうまくフォローしていれば」と自分の責任だと感じます。

幼い頃から、常に相手を優先する習慣があり、自分がどうしたいか考えたり、希望を口にすることができません。

STEP 1

防災方法

相手はムリをして役に立とうとするので、頼みやすいからといって、むやみに手伝いや仕事を振りすぎないようにしましょう。

あちらからも、こちらからも依頼が頻発しないように、指示系統をひとつにすると無理な仕事量にならないはずです。

ネット上で共有できる予定表で、全員の予定や仕事の見える化をして、ひとりに負担がかからないようにする方法もあります。

このタイプに「大変だったら声かけてね」と伝えても「周りに迷惑をかけてはいけない」となかなか、自分からＳＯＳが出せません。

面と向かって自分の意見が言うのが苦手なので、まずは日報などを用意して、**紙やメールなど文字ベースで、今抱えている仕事や問題、自分の考えや感情を書き出してもらうことからスタートするのがオススメ**です。

書面で自分の気持ちや考えを伝える練習から始めて、だんだんと自分の口で言ってもらう機会も増やしていきましょう。

また、**本人に優先順位について考えてもらうような指導をしたり、研修を行うのも有効**です。重要⇅緊急（重要だが緊急ではない、重要で緊急、緊急だが重要ではない、緊急でも重要でもない）などを理解し、緊急だが重要ではない仕事でいっぱいにならないように注意を呼びかけることで解決できます。

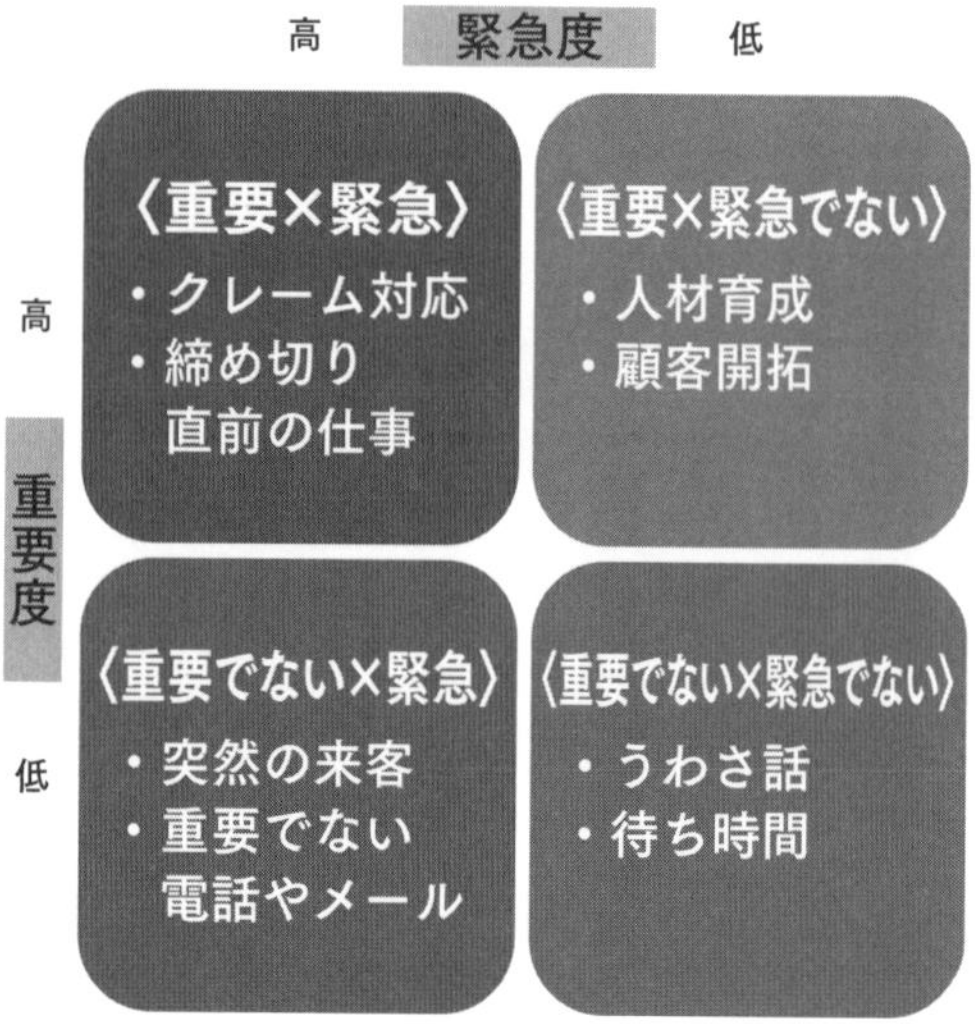

STEP 2 復興プラン

先ほどもお伝えしましたが、いくらパンクしていても「大変だったら声かけてね」のように相手の自主性に任せた声かけでは、自分から言い出すことはできません。

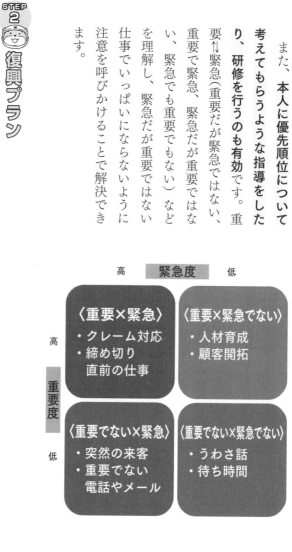

仕事を抱え込んでいそうなときは、「仕事の進み具合を教えてくれる？」と進捗状況を質問し、相手が「そこはまだ手をつけてないです」と話したら、「それ手伝うから、データ送って」と**やや強引に手伝いを買って出ましょう。**仲が良ければ「人に任せることは迷惑をかける行為じゃなくて、その人が何かに貢献できる機会をつくることなんだよ」と教えてあげると、考え方が変わるかもしれません。

また、押しつぶされてしまっていたら、休ませてあげるのも大切ですよね。でも「うちの会社は残業が当たり前」という空気に支配されている職場だと、自分から「お先に失礼します」と言えないし、先に帰ったとしても罪悪感がつきまとうのがこのタイプです。だから定時になったら、こちらから、「定時だよ。時間大丈夫？」「明日できることは明日でいいから、もう上がったら？」などと声をかけることで、帰りやすい雰囲気をつくってあげてください。

防災標語

SOS　こちらが気づき　手を貸そう

防災
26
災害名

せっかち山の火事

時間がないと異常に焦る人

予定の時間や締め切りが近づくとイライラして、他人のことも急かし始めます。相手の話を遮ることも。

「せっかちな先輩がいて、なんでも『なる早で』『大至急』って急かすんですよ。締め切りが迫ると『書類の作成どうなってるんだ！』ってイライラするし……」

「せっかちは、日本人に多いんですよ。その先輩、仕事はデキるタイプでは？」

「まぁ、デキる人ですね。でも、取引先に同行したときなんて、電車に乗ろうとして『お、扉が閉まる！　乗るぞ！』って走り出して、結局、ボクは目の前でドア閉まっちゃって、先輩の乗った電車見送る羽目になって、別行動。どんだけ、せっかちなのって？」

「その先輩のセカセカグセは、実は、がんばり過ぎが原因なんです」

分析　せっかちの原因はがんばり過ぎ？

「あと2分で電車が出る」「試験の残り時間あと5分」など時間がないときは誰でも焦り、冷静な判断ができず、焦るほど失敗が多くなるものです。でも中には、過度に反応する人もいます。

このタイプは心理学では「急げ」のドライバー（駆り立てるもの）を持っているといいます。急いで、目標を達成しようとがんばっちゃうんです。

あなたも子どもの頃、親から「早くお風呂に入りなさい」「急いで学校へ行きなさい」「もう、時間がない」などと言われたことくらいはあると思います。

それに加えてこのタイプは「本当にグズでダメね」「何やらせても遅くて、どんくさい」など、早くやらないとダメ人間という人格否定をされて育つことが多いんです。すると、大人になっても、せっかちで**「今すぐにやらなくては大変なことになる」「遅いことは悪いこと」「早くできない自分はダメ」と思い込み、早くやろうと焦ります。**

さらに、「早く宿題しなさい」などと親や先生などからプレッシャーをかけられ、日々「やること」に追われ、期待に応えていると、目標を達成するため「急ぐ」ことが常習化します。だから、遅刻しそうになったり、締め切りが迫ると**「時間がない」と時間的切迫感という強いプレッシャーを感じ、セカセカ、イライラします。反面、目標達成の努力を人一倍します。**

競争社会では効率やスピードが重視されるので、せっかちなこのタイプは、生き残りに適しているといえます。実際に、成功したり、会社での昇進が早く、仕事中毒で「デキる人」であることも多いのです。このタイプを心理学では「オーバーアチーバー」といい凄まじい努力をして、期待をはるかに超える成果を上げます。

しかし「オーバー＝過剰・余分」なので、目標達成のために、度を超えた残業や休日出勤を惜しまず、指示されなくても仕事をこなすのですが、自分の職務の範囲を超えてしまうワンマンな部分もあります。

だから、「なぜ、自分と同じくらい努力しないの？」と他人に厳しく、職場でも「さっさと始めよう」と言い出し、あなたが話し終わる前に「つまり、○○ってこと？」など結論を急かします。だからなんだか自分の話を遮られたように感じることも。

周りからは「もっと確実にやりたいのに」「疲れる……」と思われがちです。本人も自覚がなくストレスが溜まり、のんびりした人より心臓病になるリスクが高いという研究結果もあるほど。

仕事を始めても「期日までに終わるのか？」と不安を感じながらやるので、集中しているようでも、次のことばかり考えて、落ち着きません。そのため、効率も悪く、ミスが多いのも特徴です。

「急かされる」のも困りものですが、「ミスが多い」のにも悩まされているのではないでしょうか？　解決のポイントは、落ち着いてもらうことです。

STEP 1 防災方法

このタイプはほめられることにあまり興味がありません。期待された以上の仕事を素早く完了させることにやりがいを感じるからです。このタイプとうまく付き合おうと思うなら、**相手が障害に感じていること（事務手続きや雑務などめんどくさいこと）を取り除いて、早く目標達成ができるようにアシストしてあげる**ことです。するとイライラすることなく、喜んで全力投球し、いい仕事をしてくれます。

また、「急いで」「早く」「あと、どれぐらいかかる?」「いつ終わる?」など**急かすワードは禁句**です。「進んでることも、進んでないことも含めて進捗教えてくださいね」と焦らさないように声をかけるようにしましょう。

仕事を頼むときは、できるだけ時間に余裕を持ってお願いし、ミスがないか確認するときは間を開けたり、ダブルチェックできるようにしておくことでミスが減ります。

指示を出すときは「至急」ではなく「提出日は○月○日○時まで」など、具体的な期日でアナウンスするようにお願いしましょう。

STEP 2 復興プラン

「時間がない!」と焦りだすと「あれもしなきゃ。これもしなきゃ」とパニックに陥ります。だから、あなたから、「これは、明日やればいいよ」「ご確認は急ぎませんので、明日で大丈夫です」など、**やらなくていいことを伝えて落ち着いてもらいましょう。**

脳は普段、①熟慮して判断する②「専門家の意見は正しい」「高級なものは質がいい」など過去の経験からの判断基準で自動的に即断するというふたつの方法で意思決定しています。その方が脳にとって省エネで効率的だからです。

人は、「時間がない」と焦ると②の即断をしがち。だから、振り込め詐欺は、時間的切迫感をわざとつくり、熟慮ではなく即断するように誘導し、相手を騙します。即決での判断ミスを防ぐには、時間的に切迫しても「少し待つ」ことが有効です。

相手が焦りだしたら、「どうされました?」と確認し、「これは明日で大丈夫ですよ」「私も手伝いますから」など一声かける。また、「お茶どうぞ」と、休憩して冷静になってもらうことが有効です。**一手間かける=仕事に取りかかる前に少し待つ時間を持つ**ことができるからです。

防災標語

せっかちは　雑務引き受け　鎮静化

防災
27
災害名

冷たい態度干ばつ

無愛想で冷たい一言を言い放つ人

ポーカーフェイスで理屈っぽく、話しかけにくい態度を取ってきます。何か相談すると、こちらの気持ちを理解しないで、冷たい言葉をぶつけてきます。

「同僚で冷たい人がいて。雑談で『筋トレ始めたけど、腕立て5回しかできなかった』とか言っても『だろうね』と上から目線で言ってきたり、ボクの話を聞いたあとに『くだらん』とか冷たく言ってくるんですよ。普通、そんなこと言います？」

「親切で優しいカワウソ君からすると何？　って思うよね」

「そう！『仕事がキツイ』と言おうものなら、『だったら、やめれば』ってなるから、相談もできない。あと、自分のこと話さないから何考えてるかわからないし」

「自己開示しないから、話しづらく孤独になりやすい人ですね」

分析　恐れが人と壁をつくる

このタイプは、自分や他人の弱さを受け入れません。

たとえばあなたが「会社が辛いんだよね」と言ったら、「だったらやめれば」と返ってくるし、「あの人の誘いは気が重い」と言えば、「嫌なら行かなければいいじゃん」と返されてしまいます。本人は「思ったことを正直に言っただけ」と悪びれる様子もありません。

でもこうした言葉は、親身になって相談に乗る人の言葉ではないですよね？

「仕事が嫌でもすぐに辞めたら生活が困る」「合わない人だけど険悪になって、職場の雰囲気を悪くしたくない」など、事情があるから葛藤しているんですから。それを「嫌ならやめれば」と突き放すことは、「あなたに問題がある」と言っているのと同じ。あなたを思考停止にし、苦しめる言葉です。

つまり、共感性と思いやりに欠けるんです。「大丈夫？　辞めたいぐらい何かあったの？」と傾聴し、あなたの苦しさを吐き出させてくれた方が、ずっとラクになりますよね？

このタイプは心理学で、人は強ければいいという考えの「強くあれ」のドライバーを持っています。小さい頃から「メソメソするな」「やられたらやり返せ」など弱い部分を見せると叱られ、反対に感情を見せず、弱音を吐かなければ認められる環境で生きてきたので、決して人に弱みを見せません。

自分の感情を鈍感にし、傷つかないようにし、弱い自分を見せず我慢するので、他人の痛みにも鈍感で、他人が弱音を吐くことを許しません。

映画を見て感動したと騒いだり、涙もろい人を毛嫌いします。

普段から足組みや腕組みをし、話も機械的でぎこちなく、会話も長く続きません。表情や言葉での感情表現が乏しいのが特徴です。

また、甘えが許されなかったり、拒否された体験があると「ひとりの方がラク」「人を頼るとろくなことがない」「他人に期待しても、がっかりするだけ」と考えるようになります。誰かと一緒にやるよりもひとりで行動することを好むようになり、「ひとりでも困らない」と考えるので、輪の中に入ったり、集団行動を避ける人もいます。

人に相談したり、意見を集めることが苦手で、ひとりで決断するので、決断までに時間がかかることがあります。

人に弱さを知られないために、試験の結果なども隠す人が多く、何ごとも、自分ひとりで対処しようと不足の事態に備えているので、手持ちの荷物が多くなりがちです。

心理学では「自己開示の返報性」といって、自分の話をしてくれた相手に心を開きやすくなる心理があります。打ち明け話でぐっと仲良くなったことありませんか？

ほかにもテレビ番組の『徹子の部屋』のように今まで知らなかった芸能人の個人的な話を聞いて、急に好きになるのも「自己開示の返報性」です。だから、自分の話をできない人は他人と親しくなれないのです。

STEP 1 防災方法

何が起こっても動じないように見えて、心の中ではパニックになっていることも多いのですが、人に弱みを見せられない、助けを求められないのがこのタイプ。**「疲れたときは、無理しないで」「私でよければ、相談に乗るから」と声がけをして、弱みを見せてもいいのだと思ってもらいましょう。**態度が柔らかくなるはずです。

ただし、弱々しく思われるのはまっぴらごめんな人でもあるので、過度に世話を焼いたりするのはNG。遠くから見守る感じがベストです。

このように強がって生きてきた人なので、愚痴を言ったり、弱みを見せても傾聴してくれることは皆無と思って、初めから期待しない方がいいかもしれません。

人は本来、弱みで愛されます。強くて完璧な人は、威圧的で近寄りがたいですよね？

仕事でも周りに助けを求めることが大事。上手にお願いするためのスキル、アサーショントレーニングなどの研修やセミナーに参加してもらうのもオススメです（※P138コラム2参照）。

STEP 2 復興プラン

「会社が辛い」などと愚痴をこぼすと、「だったら、やめれば」と冷たく対応されるので、**弱音を吐くなら別の相手にした方が賢明**です。

うっかり愚痴をこぼしてしまって、相手の反応が冷たくても、「そりゃ、そうだよね。強がって、我慢して、感情を殺してきた人だから」と気にしないようにしましょう。

他人に相談したり、意見を集めることが苦手なので、**みんなの意見を取りまとめる**ような場合は、あなたが代わりにやって、「部の意見はこうでしたよ」と伝えると自分で他者に意見を聞きに行かずに済むので、**表情には出さなくても、喜ばれる**はずです。

先ほどもお伝えしましたが、昇進試験の結果や資格試験の結果などは隠す人なので、人前で公表するように勧めたりしない方が反感を買いません。

感情表現が乏しいですが、「無表情で、何を考えているかわからない」みたいに批判すると内心かなりカチンときていることがあるので、そう言った発言は控えましょう。

防災標語

強がりに　相談してねと　声かける

防災

28

災害名

言われたことだけやる指示待ち遭難

指示されないと動かない人

当事者意識がゼロで、周りの人がいくら大変でも指示をするまで動かず、時間を奪ってきます。

「新入社員がいい子なんですけど、なんでも丸投げで『どうすればいいですか』って聞いてきて、『忙しいとちょっとは自分で考えて動いてよ！』って言いたくなるんです」

「巷で噂の指示待ち人間ですね？」

「そうなんです。部署中がバタバタしてても、関係なく、マイペースで……。言われたことしかやらないというか。ボクの作業量増えるし、めんどくさいんですよ」

「この問題は、カワウソ君次第でスピード解決できそうですよ！」

分析 〝禁句〟が指示待ちを増殖させる

指示待ち人間を生み出すのは、やる気でも、能力でも、世代の特徴でもなく、職場の環境です。指示待ちになりがちなのは、業務に慣れていない新人さんが多くないですか？中にはやる気のない人もいますが、多くは経験不足や自信のなさから消極的になるから指示待ちなんです。

本当は仕事ができるはずの人も、安心して仕事を覚えられる環境がないのは致命的。たとえば教育担当者の仕事が忙しいと、「とりあえず、これやっておいて」と作業だけを指示し、仕事の全体像やゴールを共有してスタートしないことがほとんどです。そうなったら、自分で判断できず、優柔不断になり、誰かの指示を仰ぐことになります。だからこの言葉は禁句です。

また、先輩が嫌な顔をすると質問さえできなくなります。そして、失敗を強く怒られると「言われたことだけやろう……」と指示待ちになります。何かトラブルが起こったときは「指示通りにやっただけです」と保身に走るのも当然です。

ほかにも、「新しいプランどんどん出してね」と言われても自信がないので、「特にありません」しか言いません。決してやる気がないわけではないんです。

「自分で考えろ」と本人を変えるのは難しくても、環境を見直すことで、自分から動く人になってくれるはずです。

STEP 1 防災方法

「すぐに人に聞かずに、自分で考えてよ」という気持ちもわかりますが、その前に**業務知識の習得、不明点の調べ方など基本的なことを事前に教えることが重要**です。

また、実際に手本を見せたり、説明しましょう。相手がメモしているからわかるだろうとどんどん作業を続ける場合がありますが、それでは相手が考える時間がありません。適度に「では、今までのメモを整理したり、頭の中をまとめる時間を取るので、不明点は質問してくださいね」など間をおくことも大切です。

そして、人は小さな成功体験を積み重ねることで「自分にもできる」と自信がつき、主体的に行動できるようになります。**些細なことでも、必ず「がんばりましたね」「いいじゃないですか！」など相手をほめ、認めてあげましょう。**

ある程度、社員が成長すると「これをやってみたいのですが」と自分なりのやり方を提案してくるので、できるだけ委ねていくと、自主性が育ちます。

STEP 2 復興プラン

まず、あなたは指示待ち人間を見てイライラしてますか？　それとも冷静に「どうすれば自律型人間になってくれるかな」と考えていますか？

イライラする場合のひとつの原因は、**仕事ができなかった頃の自分を投影＝重ね合わせているのかもしれません。**子どもに親が「こぼさず食べなさい！」って強く叱ることありますよね？　でも、子どもが大人みたいに食べられるはずありません。あなたも成長して、相手を見るとできない頃の自分を見てるみたいでイライラしちゃうのかも。でも、できなかった頃優しくしてくれた先輩もいましたよね？　思い出して優しくしてあげませんか？　組織心理学者で100万部を超えるベストセラー作家でもあるマーシャ・シネターも「誰かを裁きたくなったら、自分に言い聞かせよう。〝あの人はあれでもベストを尽くしているのだ〟と」と言っています。

ふたつめの原因は、我慢してるからです。自分がダイエットしてるときに、目の前でケーキを食べられたらイライラしますよね？

でもそれって、甘いものを我慢してるからですよね。

同じように、自分はこんなに先輩に甘えてこなかったのにとイライラします。そんなときは「私もこんなふうに甘えたかったのかな。私ってよくがんばってるじゃん」と自分をほめつつ、大変なときは誰かに甘えてみましょう。**自分が甘えられると人のことも、許せるようになります。**

心理的安全も確保し、しばらくたっても些細なことで「これ、どうすればいいですか？」と**丸投げ質問や指示待ちの姿勢が続くときは、コーチング的な質問を試してみてください。**

「あなたはどんなふうにやろうと思ってる？」と質問をして、相手に思考させる習慣を持ってもらうことができます。

仕事の全体像や役割などを説明し、「いつまでに、何を、どのようにやるか、自分にできることは何か、どこまでは理解して、何がわからないかまとめてみてくれる？」など**相手に考える時間を必ず取ることも大切**です。

相手が失敗しても、「こうすればよかったのに」とすぐに正解を伝えたり、責めたりするのはＮＧ。「次にチャレンジするときは、どうすれば成功すると思う？」と質問し、自分で改善策を考えさせましょう。

とにかく環境が大切です。脳にはモノマネ脳とも呼ばれるミラーニューロンという神経細胞があります。他人の行動や感情をまるで自分が体験しているように感じる効果があるんです。だから、職場全体で、主体的に動く人が多ければ、人は自然にそれを学びます。

防災標語

とりあえず　コレをやっては　禁句です

防災

29

災害名

くり返す迷惑行為の事故

遅刻やトラブルをくり返す人

何度注意しても、自分から嫌われるようなことをして、まわりに迷惑をかけてきます。

「毎回、遅刻してくる後輩がいて、最初は心配して色々と声かけたりしてたんですけど、今では、みんなあきれちゃってて」

「遅刻した方がかまってもらえるからやるんです。子どものイタズラに近い感じですよね」

「え、遅刻するたびに、上司に怒られるんですよ。そんなの嫌じゃないですか？」

「親子で買い物に出かけて、母親が近所の人と立ち話を始めると、子どもはだんだん退屈して、お母さんのスカート引っ張ったりして怒られますよね？　あれと同じです。無視されるより、叱られてもいいから関心を引きたいんですよ」

分析　無視されるぐらいなら嫌われた方がマシ？

原因のひとつは、心理学でいえば、「キック・ミー（蹴飛ばしてくれ）」の心理ゲームをしている場合です。人は無意識に「自分の人生は〇〇だ」と決め込んでいる人生脚本を持っているんです。たとえば、「自分は嫌われる人間だ」「誰からも愛されない」などの**ネガティブな人生脚本を持っていると、無意識に相手から嫌われるようなことばっかりやってしまいます。**

人によっては嫌われるような行動をわざととって、相手が見捨てないかお試し行動をする人もいます。恋人同士で「私のことなんて、大切じゃないんでしょ」とわざと喧嘩を売って、相手が「そんなことない。大切だよ」と機嫌を取ってくれるのを待っているのも、お試し行動です。最初はよくても、頻繁にくり返されれば、相手はウンザリして離れていきます。

世界の恋人と謳われたマリリン・モンローもそのひとり。彼女は子どもの頃、親戚の家をたらい回しにされる生活をしていました。親切にされてもそれは一時的で、経済事情や様々な理由で自分を手放す大人たちを見て、無意識にマリリンは「愛とはいつか失うもの」という人生脚本を描いたはずです。

その後3回の結婚をしますが、夫のひとりに「セクシーな映画はやめてほしい」と言われたときは、より映画出演に没頭し、離婚を招きます。撮影にもしょっちゅう遅刻したり、酒臭い状態で現れ、最終的に共演者からそっぽを向かれます。「遅刻しても、周りは必ず自分を必要としてくれるはず。許してくれるはず」と相手が嫌がることをしても、けっして見捨てられないはずと相手の愛情を試すお試し行動ばかりしてしまうのです。そして最後はみんなから見放され「愛とはいつか失うもの」という脚本通りの人生を送ることになるのです。

同じことは職場でも起こります。ある遅刻ばかりする人は、最初は周りの先輩も「大丈夫？ 体調悪いの？」と気にかけてくれましたが、毎回、遅刻し、怒られた次の日もまた遅刻するので、最後にはあきれて誰も声をかけなくなりました。

方法は異なっても**遅刻やルール違反をくり返すのは、失敗して相手の関心を引き、それでも自分を見捨てないかを試すお試し行動**なのです。

しかし、最終的には相手から拒絶され、自分の人生脚本である「私は人から愛されない」「私は他人から嫌われる」などにピッタリ当てはまる行動をとってしまいます。

もうひとつの原因は、**発達障害などで、時間の見積もりが苦手な場合です。**優先順位がわからなかったり、目的地の場所がわからない、出かける前に何かに集中すると時間を忘れる……といった感じで悪気なく遅刻をくり返します。衝動性も強いので、行列に並ぶなどのルールが苦手で守れないことがあります。

STEP 1 防災方法

ネガティブな人生脚本を持っている人が「キック・ミー（蹴飛ばしてくれ）」の心理ゲームをしているときは、ストローク飢餓になっているときが多いです。

ストローク飢餓とは、親密で温かなコミュニケーションが取れないとき、それなら無視されるよりは、叱られても、嫌われてもいいから、相手の関心を引きたいという心理です。飢えたときは、腐ったものでもいいから食べたいと考えるようなものです。

本人としては、温かいコミュニケーションに飢えています。だから、笑顔であいさつしたり、「調子はどう?」など相手を気にかけ、**温かいコミュニケーションが取れる状態をつくることが大切**です。

発達障害などで時間の見積もりが苦手な場合は、あらかじめかかる時間を本人からヒアリングしましょう。その3倍ぐらいの時間がかかると予測して、準備にかかるように周りがサポートすると遅刻頻度は減ります。優先順位をつけるのも苦手で、途中でほかの用事などが入ると出かける準備ができなくなります。だから外出の1時間前になったら、持ち物などのチェックを一緒に行うなど、相手に合わせた対策も効果的です。

順番を守って行列に並ぶ、など苦手なルールを守ったら、相手をほめる、チョコレートをあげるなどご褒美を用意するとうまく慣れていくと思います。

STEP 2 復興プラン

相手が「キック・ミー（蹴飛ばしてくれ）」の心理ゲームをしかけてきて、食ってかかるなどわざと挑発したり、遅刻をくり返し、わざと叱られる行動をとるときは、冷静に対処することが大切です。

相手がとったネガティブな行動に対して、過度に反応しないこと。きちんと時間を守れたときに、ほめたり、感謝する。そうすることで、ネガティブな行動より、ポジティブな行動をとった方が関心を得て、良いコミュニケーションがとれると本人に認識してもらうことが大切です。

発達障害の人などが時間に遅れたり、ルールを守れなかったときに、**感情的に怒るのはNG**です。癇癪を起こしてしまいます。

本人は悪気がないので、長い目で見てみんなでフォローして、ルーチンワークについては、リスト化して、チェックできるような仕組みづくりが大切です。

防災標語

無関心　死ぬほどツライ　ものと知る

防災
30
災害名

繊細さんの霜害

傷つきやすく、立ち直りが遅い人

空気を敏感に感じ、つい言葉の裏を読んでしまいます。ちょっとしたことで心のシャッターが下りて凹んでしまいます。

「なんか、会社の帰りに疲れてトボトボ帰る後輩見かけたんですけど。その子、ほかの社員がパタンってドア閉めただけでもビクッてしてるし。誰かが怒られようものなら、怒られてる人より、その子の方がどんよりしちゃってて……。会社にいるだけでかなり疲れてそうなんです」

「もしかして、その人はガラスのハートの持ち主・繊細さん？」

「ボクも、そう思います。些細なミスでもいつまでも凹んでるから、注意するときとか、傷つけないように周りも気を使っちゃうんですよね」

分析 フリーズは防衛手段!?

心優しくて、細かいところまで気がつくいい人。でも、「そんなことで……」と思うような、ちょっとしたことで凹んじゃう。叱ったりすると気づかないうちに心のシャッターが閉まってしまい、話すことも難しい。結果、仕事が滞る……。そんな相手は、もしかすると繊細さん＝HSPなのかも？

HSPとは「Highly Sensitive Person」の略で「感覚が敏感な人」です。あらゆることに敏感で生きづらさを感じやすいんです。

たとえば、

《深く考える》…物事を深く考えるため行動に移すのに時間がかかる。

《クヨクヨ悩む》…ちょっとしたことでも凹んでクヨクヨ悩む。

《刺激に敏感》…隣人のPCのキーボードの音や、ガラガラという引き出しの出し入れの音などが気になって仕事に集中できない。大人数の飲み会も騒音や大勢の会話や表情に過剰に反応して疲れちゃう。

《急な予定変更はパニックになる》…細かいことに気づきやすいので、マルチタスクが苦手。急な予定変更で複数のことに過剰に反応するのでパニックになる。

《共感しやすい》…相手の感情を自分の感情のように感じてしまうので、周りの人が不機嫌だったり、怒られているとそれを感じ落ち込む。

のように、特徴は色々あります。

相手の気持ちを察し、自分を犠牲にしてでも、人が望むような行動をとろうとする「過剰同調性」もあるので、人からの依頼を断ったり、また自分からお願いすることもできません。気を使いすぎて、人付き合いに疲れやすいんです。

苦手な人に会ったり、傷つく一言を言われた瞬間に、ボーッと固まってしまうことも。

こうした意識の解離状態はわざとではなく、自己防衛反応としての自然な行動なんです。

太古の昔から、森でクマと出会ったら、私たちは逃げるか、戦うか、その場で凍りつくかの反応をします。繊細さんのフリーズは、まさに凍りつき反応。迷走神経が遮断され、血圧が下がり、意識が解離して記憶が途切れてしまうんです。

つまり、傷つきやすい繊細さんは、心のシャッターを下ろして、傷つかないように自分の殻に閉じこもることで、自分を守っているんです。

STEP 1 防災方法

ムリに、大人数が集まる場に誘わず、ひとり静かに仕事ができる環境を整えてあげると、仕事が捗ります。時差出勤がOKなら人が少ない時間帯を勧めたり、会議に参加しなくていい日をつくったり、ノイズキャンセリングイヤホンの使用を許可したり、ひとりで静かに会議室で仕事できる日をつくってあげましょう。

いつも人目を気にしてビクビクしているので、監視するようにずっとそばにいるのはNG。**ひとりで過ごさせた方がリラックスして仕事が進みます。**

行動を起こす前に色々と考え込んでしまうので、商談、会議、プレゼン、などいきなり現場に放り込むのではなく、**先に議題や予備知識などの情報提供したり、リハーサルをすると安心して、適応できる**ようになります。

相手が依頼を断ったり、助けを求めることが苦手なのを理解したうえで、仕事量をチェックし、ムリがない依頼を心がけましょう。

STEP 2 復興プラン

繊細さんは相手の感情をキャッチして振り回されてしまうので、「2度と間違えるなよ！」とか高圧的な態度で接するのはNG。

さらにワンランク上の対応としては、**自己否定の強い繊細さんには、失敗しても「クヨクヨするな」「気にするな」と「〜するな」の否定語は使わないこと。**「ペンギンをイメージしないでください」と言ってもペンギンが頭に浮びますよね。このように脳は否定語を理解できないんです。だから否定語で励まそうとしても、頭の中に、クヨクヨと悩み、気にしている自分がイメージされ余計落ち込んでしまいます。失敗した場合、優しいトーンで「肩の力抜いて、やればいいからね」「失敗は誰にでもあるから、のびのびやればいいよ」

と肯定語で伝えましょう。傷ついて心のシャッターが閉まってフリーズすることがなくなります。

繊細さんは急な予定変更にも弱く、パニックになってしまいます。もしパニックになってしまったら、「あれと、これ、すぐに用意して」と焦らせるのではなく、「ひとつ、ひとつ、落ち着いて、用意すればいいから」と**相手が冷静になれる機会を与えましょう。**

防災標語

繊細な　人はひとりで　力抜く

トラブルを避ける鉄板ルール！ コラム 3

嫌な相手をかわす極意

物理的な距離を取る　アラン曲線

そもそも接点がなければトラブルにはなりません。そこで「アラン曲線」と呼ばれる有名な方法があります。席の近い（約1.8m）同僚とは、席の離れた（約18m）同僚より４倍も多くコミュニケーションを取っていました。また、約46m離れてしまうと、コミュニケーションを取ることはほとんどなくなるという結果が出ています。

つまり、めんどくさい人物とは距離を取ることが、最善の策ということは、科学的にも証明されているんです。

相手と物理的距離を取る
フロア・ビルを変える
離れた席に移動する

会議などやむを得ず
同席するときは、離れた席に座る

とにかく顔を合わせない
出勤時間をずらす
有給を取るなど

標的にされない工夫をする

スルーする
反応しない

相手に標的にされない工夫をし、身を守ることも大切！　お釈迦さまの教えに、「悪口を言われても受け取らなければ、それは、相手がそのまま持ち帰らなければならない」という趣旨のものがあります。反応せず、同じ土俵に上がらないようスルーしましょう。

注目を集めない
目立たない

出る杭は打たれるといいますが、目立つと妬み・嫉妬の対象になりやすいものです。あなたの優秀さなどは、隠すことで、標的にされにくくなります。

どんな人にも信頼される！

コラム 4

相手に好かれる防災方法

信頼関係の基本

相手に嫌なことをされないためには、相手と信頼関係を築いてしまうことも有効です。人は自分に似た人に信頼感・安心感を抱きます（類似性の法則）。だから、下の３つの方法で、相手を真似て安心させ、好かれるのがオススメ。短時間で、信頼関係を構築することができます。

〈 ①ペーシング 〉

相手の口調や呼吸のペースに合わせること。ゆっくり話す人にはゆっくりと、早口の人には早口と、相手に合わせて話しましょう。

〈 ②ミラーリング 〉

相手の表情や目線、仕草を合わせると安心感が生まれます。

〈 ③くり返し 〉

文字通り、相手の言葉をくり返すことです。相手の言葉は、その人の世界観そのもの。だからオウム返しすることで、相手や相手の考え方を尊重していることが伝わります。

勢いよく怒っている相手に合わせて勢いよく謝るペーシング →

合わせているうちに無意識に信頼関係ができてくる →

リーディングで自分が落ち着いて話すと相手も冷静になる

勢いよく怒っている相手に冷静に謝るのはディスペーシング（反同調行動） →

「落ち着いてください」など最初からリーディングに入ると決裂する →

相手の怒りがヒートアップ

あなたは何個当てはまる？

コラム 5

一緒に働きたい人の5つの特徴

「一緒に働きたい」と思える人の特徴を５つ紹介します。

①積極的で好奇心がある

目標達成や問題解決に積極的で、新しい経験を進んで積める。

②勤勉で誠実

コツコツ真面目に努力できる。

③素直で前向き

素直に人の言葉に耳を貸し、前向きに考えて行動できる。

④協調性があり柔軟

うまく共同作業ができる。物事に柔軟に対応できる。

⑤親切で情緒が安定してる

優しく他者を助けられる。気持ちが安定している。

あとがき

最後まで、読んでいただき、ありがとうございます。

本書を通して、相手の心の中を垣間見たり、自分の心に気づく瞬間はありましたか？

心理学では「すべての心理学は半完成品である」といわれます。きっちりと同じ型でできた工業製品と違って、人間は誰ひとり同じ人はいません。複雑です。だから、心理学の理論をそのまま実生活の人間関係で試してもうまくいかないこともあります。

だから、臨機応変に日常生活に活かせるように、あなたが「カスタマイズして、効果のある完成品」にすることが大切です。

料理もレシピ通りではなく、あなた好みの味付けに変化させる工夫をしますよね？

同じようにこの本で紹介した防災方法をカスタマイズして、使ってみてください。

私は瞑想をします。その中の慈悲の瞑想をかいつまんで紹介します。

私が幸せでありますように
私の悩み苦しみが無くなりますように

私の好きな人が幸せでありますように
私の好きな人の悩み苦しみが無くなりますように

生きとし生けるものが幸せでありますように
生きとし生けるものの悩み苦しみが無くなりますように

私の嫌いな人々も幸せでありますように
私の嫌いな人々の悩み苦しみが無くなりますように

瞑想の先生は、「はじめ嫌いな人の中に入っていた人が、長く瞑想を続けるうちに、知らぬ間に好きな人の仲間入りをしていた」といいます。

あなたも本書を、最初は嫌いな人をかわすために手に取ったのかもしれません。

でも、読み進めて、嫌な相手の不幸な子ども時代や実は本人が一番苦しんでいるという真実を知ったとき、嫌いな人から、好きな人までいかなくても、嫌いでも好きでもない普通の人に変化しませんでしたか？

攻撃されまいと鎧をまとうと、確かに身を守ることができます。しかし、同時にあなた自身を鎧の中に閉じ込めてしまいます。

だから、あなたがこれから出会う人たちが嫌いではなく、好き、もしくは普通の人になれば、あなたは恐れを手放し、もっと自由で幸せになれるはずです。


コップに塩をひとつまみいれると、しょっぱくて、もうその水は飲むことができません。でも、大きな川にひとつまみの塩をいれても、その水を飲むことができます。あなたの心が広く、大きくなれば、相手を許し、受け入れ、変化させる力を持つことができるのです。

慈悲の心で人を許し、あなたが穏やかな毎日を過ごせることを心から祈っています。

著者　**藤本梨恵子**（ふじもと・りえこ）

ファイン・メンタルカラー研究所代表

米国 NLP 協会認定 NLP マスタープラクティショナー

国家資格 キャリアコンサルタント

産業カウンセラー

カラーセラピスト

愛知県生まれ。10 年以上デザイナーを経験。当時月130 時間を超える残業のストレスで前歯が折れる。この時期に友人の死も重なり、「幸せな生き方とは何か？」を考え、本格的にキャリアカウンセリングや心理学を学ぶ。NLP 心理学を中心にコーチング、カウンセリング、マインドフルネス瞑想などの手法を習得し統合。その手法を生かし、キャリアカウンセラー・講師として独立。各企業・大学・公共機関の講演の登壇数は2000 回を超え、婚活から就活まで相談者数は 1 万人を超えている。

著書に『なぜか好かれる人がやっている 100 の習慣』『なぜかうまくいく人の気遣い 100 の習慣』『なぜか感じがいい人の聞き方 100 の習慣』『なぜか惹かれる人の話し方 100 の習慣』（明日香出版社）、『いつもよりラクに生きられる 50 の習慣』（かんき出版）がある。

職場の人間関係 防災ガイド

2024 年6月 17 日　初版発行
2024 年9月 20 日　第3刷発行（累計 1 万 3 千部）

著者　藤本梨恵子

デザイン：井上新八
装丁・本文イラスト：ながしまひろみ
DTP・図版制作：株式会社 ローヤル企画

営業　蒲原昌志・市川聡
広報　岩田梨恵子・南澤香織
制作　成田夕子
編集　鶴田宏樹

画像：iStock.com/Maksym Rudoi/photosynthesis/leremy

発行者　鶴巻謙介
発行所　サンクチュアリ出版
〒 113-0023 東京都文京区向丘 2-14-9
TEL:03-5834-2507 FAX:03-5834-2508
https://www.sanctuarybooks.jp/
info@sanctuarybooks.jp

印刷・製本　株式会社光邦